1877. 9 Mars.

CATALOGUE

DE

TRÈS-BEAUX LIVRES

FRANÇAIS

PRINCIPALEMENT DU XVIIIe SIÈCLE

ORNÉS DE SUITES DE GRAVURES

FORMANT

LA BIBLIOTHÈQUE D'UN AMATEUR ÉTRANGER

DONT LA VENTE

Aura lieu le vendredi 9 et le samedi 10 mars 1877
à deux heures précises

Hôtel des Commissaires-Priseurs, rue Drouot

Salle n° **3**, au premier

Par le ministère de Me MAURICE DELESTRE, commissaire-priseur
Successeur de Me DELBERGUE-CORMONT
Rue Drouot, 27.

Exposition publique le jeudi 8 mars de 2 à 5 heures.

PARIS
ADOLPHE LABITTE
LIBRAIRE DE LA BIBLIOTHÈQUE NATIONALE
4, rue de Lille, 4

1877

Paris. — Typographie Georges Chamerot, rue des Saints-Pères, 19

CATALOGUE

DE

TRÈS-BEAUX LIVRES

FRANÇAIS

PRINCIPALEMENT DU XVIIIe SIÈCLE

ORNÉS DE SUITES DE GRAVURES

FORMANT

LA BIBLIOTHÈQUE D'UN AMATEUR ÉTRANGER

DONT LA VENTE

Aura lieu le vendredi 9 et le samedi 10 mars 1877
à deux heures précises

Hôtel des Commissaires-Priseurs, rue Drouot
Salle n° 3, au premier

Par le ministère de Me MAURICE DELESTRE, commissaire-priseur
Successeur de Me DELBERGUE-CORMONT
Rue Drouot, 27.

Exposition publique le jeudi 8 mars de 2 à 5 heures.

PARIS
ADOLPHE LABITTE
LIBRAIRE DE LA BIBLIOTHÈQUE NATIONALE
4, rue de Lille, 4

1877

Les amateurs de livres ornés de nombreuses figures recevront avec plaisir le catalogue que nous publions. L'amateur qui a formé cette collection, très-attaché à la France et à la littérature française, aurait voulu la continuer; des circonstances imprévues le forcent, au contraire, à s'en séparer. Il quitte les livres de sa bibliothèque au moment où ils étaient entièrement achevés, ornés selon ses désirs et reliés avec tous les soins et tous les frais qu'ils méritaient. En effet, ils sont recouverts de reliures solides, soignées, recherchées, faites à l'imitation de celles qui sortent tous les jours des ateliers parisiens.

La Bible (n° 1) ouvre cette série de livres illustrés à si grands frais. Elle forme 10 vol. in-fol., renferme plus de 20 suites et beaucoup de figures séparées, au moins 3,000 pièces. — Le Virgile de Bodoni (n° 32), divisé en 6 vol. in-fol., contient 15 suites. — L'Ovide (n° 38), relié en 6 vol. in-fol., a mérité une description détaillée, à laquelle nous renvoyons le lecteur. — L'Ovide de Villenave (n° 40), 4 vol. gr. in-4 divisés en 5 vol., ne contient pas moins de 700 planches ajoutées. — Boileau (n° 52), 2 vol. in-fol., comprend 8 suites de gravures, sans compter 34 portraits. — Les Fables de La Fontaine (n° 60), divisées en 9 vol. in-fol., sont enrichies de 16 suites de gravures et de nombreuses pièces détachées. — Les Contes de La Fontaine (n° 68), 1795, 2 vol. in-4, outre 23 figures de Fragonard, contiennent plusieurs suites ou figures détachées et 20 por-

traits de La Fontaine (au moins 200 gravures et 100 culs-de-lampe, fleurons, etc., tirés à part). — LA GERUSALEMME LIBERATA (n° 125) est ornée de 15 portraits et de 6 suites de gravures. — MOLIÈRE, 1863, 6 vol. grand papier (n° 146), contient 54 portraits et 11 suites diverses. — RACINE, 1813, 3 vol. in-fol. (n° 157), renferme 43 portraits de l'auteur, 7 suites et de nombreuses pièces détachées. — CRÉBILLON (n° 162), LONGUS (n° 173), sont aussi richement illustrés. — LES AVENTURES DE TÉLÉMAQUE (n° 188) sont ornées de plus de 300 pièces et de 17 portraits de Fénelon. — Deux exemplaires de GIL BLAS (n°s 195-196) sont précieux à plus d'un titre. — LES DIX JOURNÉES DE JEAN BOCCACE (n° 232), édition de Jouaust, sur chine, outre les eaux-fortes de Flameng, sont enrichies de plus de 200 planches.

En dehors de cette série remarquable de livres illustrés, nous pouvons citer des ouvrages dont l'importance et la valeur augmentent tous les jours : (n° 28) *Iconologie par figures*, 4 vol. — (n° 36) *Horace, édition gravée.* — (39) *Ovide*, trad. de l'abbé Banier, avec les figures d'Eisen, Gravelot et Moreau, 1er tirage. — (51) *Boileau*, 1718, 2 vol. in-fol., anc. rel. en maroquin. — (56) *Fables de La Fontaine,* avec les figures d'Oudry. — (64) *Contes de La Fontaine*, 1762. — (92) *Les Baisers.* — (93) *Les Fables de Dorat.* — (94) *Choix de Chansons de La Borde.* — (141) *Molière,* avec les figures de Boucher, 6 vol. in-4. — (147) *Molière*, publié par Scheuring, avec les eaux-fortes de Hillemacher. — (172) *Longus. Daphnis et Chloé,* 1718, édition ornée des figures du Régent, 1er tirage. — (180) *Rabelais,* 1741, 3 vol. in-4. — (183) *L'Heptaméron français,* 1780, 3 vol. — (200) *Manon Lescaut,* 1753, 2 vol. — (206) *Romans et Contes de Voltaire*, 3 vol. in-8. — (226) *Il Decamerone*, 5 vol. in-8. — (228) *Le Décaméron*, 1757, 5 vol. in-8. — (256) *Œuvres de Gessner,* 2 vol., etc., etc.

CATALOGUE

DE

TRÈS-BEAUX LIVRES

FRANÇAIS

PRINCIPALEMENT DU XVIIIe SIÈCLE

ORNÉS DE SUITES DE GRAVURES

FORMANT LA BIBLIOTHÈQUE D'UN AMATEUR ÉTRANGER

THÉOLOGIE.

ÉCRITURE SAINTE.

1. LA SAINTE BIBLE ILLUSTRÉE par et d'après les grands maîtres. *S. l. n. d.*, 10 forts volumes in-fol. mar. vert, dos orné, fil. et large dent. sur les plats, dent. int. ébarbé.

Recueil monumental et peut-être unique de gravures, extraites de diverses éditions de Bibles illustrées, et de quantité de pièces détachées se rapportant aux livres saints. Le titre qui se trouve ci-dessus a été fait exprès pour ce livre; il est imité de l'antique, avec des lettres ornées rouges et bleues, et tiré sur papier de Chine; le texte dont on s'est servi pour former ce recueil est celui de la Bible illustrée de Gustave Doré. *Tours, Mame*, 2 vol. in-fol.

Toutes les gravures, au nombre de près de 3,000, sont remontées avec beaucoup de soin sur beau papier fort; la reliure, très-solide, est signée : *Bosquet, à Bruxelles;* l'ouvrage est monté sur onglets en toile, et chaque volume est renfermé dans un double étui. Enfin, on n'a rien négligé pour faire de ce recueil une œuvre remarquable à tous les points de vue.

ANCIEN ET NOUVEAU TESTAMENT.

(*Suites des figures.*)

1° La Bible complète, *sauf les titres*, de l'édition de *Tours, Mame*, 2 vol. in-fol., gravures de Gustave Doré.

2° Les figures, gravées d'après les dessins de Marillier. Cette belle suite est remontée sur papier de Chine.

3° La suite des belles gravures exécutées sur les dessins de Hoet, Oubraken et Picart, avec les frontispices et les dédicaces gravées. En tête du tome VII se trouve un titre en hollandais pour le Nouveau Testament, portant comme adresse : *In's Graavenhaage by Pieter de Hondt*, 1728. — Cette collection de gravures servit plus tard à orner les *Discours historiques de Saurin*.

4° La suite des planches avec les frontispices, cartes, culs-de-lampe qui se trouvent dans l'*Histoire du Vieux et du Nouveau Testament. Anvers (Amsterdam), Pierre Mortier*, 1700. Belles épreuves; la dernière planche de l'Apocalypse est avant la marque des clous.

5° Krausse (Johan-Ulric). Historischer bilder Bibel, etc. *Augsbourg*, 1698-1700. Environ 130 planches très-bien gravées avec une explication en vers allemands au-dessous de chacune d'elles. Cette collection ne doit pas être complète.

6° Kysel (Melchior). Icones biblicæ Veteris et Novi Testamenti. *Augustæ Wind.*, 1679. — Titres-frontispices et environ 240 figures non signées. Les vers latins avec leur traduction en allemand qui doivent se trouver au-dessous de chaque gravure ont été enlevés. Jolie suite.

7° Raphael. Sacræ historiæ acta a Raphæle Urbino in Vaticanis xystis ad picturæ miraculum expressa a Nic. Chapron, Gallo, et a se delineata et incisa. *Romæ*, 1649. Frontispice contenant le buste de Raphaël; titre-dédicace gravé et environ 52 planches. *Premières épreuves*.

8° Figures de Romain de Hooge pour l'*Histoire du Vieux et du Nouveau Testament*, avec des vers en hollandais. Deux frontispices en couleur rehaussés d'or, dans lesquels se trouve un titre en hollandais avec la référence : *Amsterdam, Lindenberg, s. d.* — Le portrait de Basnage est à la fin du tome X.

9° Historiæ celebriores Veteris et Novi Testamenti iconibus repræsentatæ. *Norimbergæ, s. d.* Suite d'environ 257 planches de G. Luyken, gravées par C. Weigel, avec une explication en latin et en allemand au-dessous de chacune d'elles. Une grande partie de ces planches sont à toutes marges.

10° Icones biblicæ Veteris et Novi Testamenti. Figures du Vieux et du Nouveau Testament, inventées et gravées par J. Luyken, *T. Amsterdam by J. Covens et C. Mortier, s. d.* — Suite très-curieuse; les grandes planches et les cartes sont à toutes marges.

11° Les peintures. Suite de plus de 60 planches, avec texte explicatif, publiée à Paris au XVIIe siècle. Chacune des gravures représente différents sujets de la Bible.

12° Une suite de figures, *Rubens pinx., in templo societatis Jesu, de Widt del., Pant sculps.* Environ 16 planches gr. in-fol. .

13° Plus de 160 gravures, portant pour la plupart le nom de G. de Jode ; quelques-unes de ces figures ne sont pas signées, mais elles doivent faire partie de la même suite.

14° Les femmes de la Bible, par Staal. Environ 17 gravures.

ANCIEN TESTAMENT.

(*Tomes Ier à VI.*)

1° 90 figures sur bois d'après Holbein, avec un texte explicatif en anglais. Cette suite est sans doute la reproduction des figures d'Holbein, publiée à Londres par Pickering en 1830.

2° Une suite d'environ 20 figures pour les femmes de l'Ancien Testament, M. de Vos inv., Collaert sculps., Galle excud.

3° La suite des figures pour la Genèse de Crispin de Pas *Arnhemii, apud*

J. Jansonium, 1616. Texte explicatif en latin et en allemand au-dessous de chacune des figures.

4° **Pièces détachées**; *tome Ier* : 2 gravures anciennes sur bois d'après Albert Durer. — Une eau-forte de Castiglione. — *Fuite de Jacob* d'après Cortone.

Dans les autres volumes, on remarque : *Moïse sauvé* d'après don Diego Vélasquez, gravé par Delaunay (tome II). — *Triomphe de David* d'après Lucas de Leyde (tome IV). — 3 gravures à l'eau-forte, par Castiglione pour *Tobie.* 2 gravures pour *Judith et Holopherme ;* la première d'après Luca Cambiazo, gravée par Maviez; la seconde d'après Regillo, gravée par Ketterlinus (tome V). — *Suzanne au bain* d'après Joseph Cesari, gravée par Bouilliard (tome VI).

NOUVEAU TESTAMENT.

(*Tomes VII à X.*)

1° Environ 25 figures de Callot pour le *Nouveau Testament* et la *Petite Passion*, épreuves avec les numéros. Quelques-unes de ces figures sont en double.

2° *Les Quatre Évangélistes*, double suite de portraits; la première avec un encadrement, sans noms d'artistes; la seconde par A. Bloclant.

Pour donner une idée exacte des autres suites de figures et des pièces détachées qui se trouvent dans le Nouveau Testament, nous détaillerons chaque volume séparément.

Tome VII : *Adoration des rois* d'après Caliari, gravée par Beljembe. — *La Nativité* d'après Albert Durer, figure sur bois, tirage ancien. — *Le Massacre des Innocents*, 4 gravures; la première d'après Tinctoret, gravée par Folkema; la seconde et la troisième d'après Rubens, gravées par Sommerau, 1779; la quatrième d'après Rubens, gravée par Dupuis. — *Jésus et saint Jean* d'après Rubens, gravé par Hendrien. — *La Transfiguration* d'après Raphaël, gravée à l'eau-forte par Queverdo. — Une grande planche ancienne, *Plan de Jérusalem.* — *Le Jugement dernier* d'après Michel-Ange, gravure ancienne. — *Institution de la Cène* d'après Rubens. — *Jésus crucifié* d'après Van Dyck. — *Crucifix* d'après Ann. Carrache, gravé par Bonnet. — *La Descente de la croix* d'après Robusti, gravée par Croutelle. — *Christ mort* d'après A. Schiavone, gravé par Michault. — *Descente de croix* d'après Sébastien de Venise, gravé par Delaunay. — 3 ou 4 gravures anciennes de M. de Vos, gravées par de Bye, Collaert, etc.

Tome VIII : *Saint André* d'après Rubens, gravé par Donck. — *Hérodiade* par Albert Durer, 1511, figure sur bois; belle épreuve. — *La Transfiguration* d'après Raphaël. — *Le Christ*, jolie gravure. — Eau-forte de Castiglione. — *La Nativité* d'après Bassano, gravée par Lorenzini; belle épreuve — *La Présentation au Temple* d'après Fra Bartolomeo, gravée par Guttenberg; belle épreuve. — *La Circoncision* d'après Jean Bellin, gravée par Beljembe. — *La Pêche miraculeuse* d'après Raphaël, gravée par Sommerau. — *Jésus dans le jardin des Oliviers*, 3 gravures d'après Rubens. — *Jésus crucifié*, grande planche d'après Lucas de Leyde. — 10 gravures environ par de Vos, Durer, etc.

Tome IX : *La Résurrection de Lazare*, 3 gravures; la première d'après Rembrandt, pièce cintrée; la seconde par Castiglione; la troisième par Lucas de Leyde; belles épreuves. — *La Madeleine*, 2 gravures; la première d'après Bloemaert, gravée par Sivanenb, 1609; la seconde d'après Cignani, gravée par Massard. — *Passio Christi ab Alberto Durer...* suite d'environ 37 figures sur bois avec le monogramme de Durer. — *La Présentation du Christ au peuple*, par Lucas de Leyde; grande pièce en largeur. — *Ecce homo*, 2 gravures; la première d'après Alberetch, gravée par Schmidt; la seconde d'après Carrache, gravée par Suderoff. — 2 figures de Durer sur cuivre, 1511. —

Le Christ mort sur les genoux de la Vierge d'après Van Dyck, gravé par Hendricx. — 3 gravures d'après Raphaël. — *La Conviction de saint Thomas* d'après Robusti, gravée par Prevost. — 3 gravures d'après Raphaël, gravées par Sommerau. — *Dieu a tant aimé le monde* d'après Rubens, gravé d'après le dessin original. — Gravures d'après M. de Vos et autres.

Tome X : *Saint Pierre et l'Ange*, par Albert Durer, figure sur bois. — *Constantin adore la vraie croix* d'après Rubens, gravé par Delignon. — Une copie des figures de Callot pour les apôtres et la Vierge Marie, suite de 15 figures. — *Les Apôtres*, 13 figures d'après J. de Leyde. — *Saint Pierre* d'après Rubens, gravé par Donck. — Une suite de figures pour *l'Apocalypse*, gravées par Galle; 24 pièces en médaillon. — *Portrait de Michel-Ange* d'après Séb. de Venise. — *Le Jugement dernier*, belle gravure ancienne, L. Gaultier fecit. — *Les Sibylles*, suite de 13 figures, dont un titre. *Amsterdam*, 1685. — On a ajouté à la fin du volume environ 12 figures diverses que l'on a encadrées avec des lettres ornées.

2. La Sainte Bible, traduction nouvelle selon la Vulgate, par MM. J.-J. Bourassé et P. Janvier, dessins de Gustave Doré, ornementation du texte par N. Giacomelli. *Tours*, *Alfr. Mame et fils*, 1866, 2 vol. in-fol, demi-rel. mar. r. plats toile, tr. jasp.

3. Historie des ouden en nieuwen Testaments. *Amsterdam, by Pieters Mortier*, 1700, 2 vol. in-fol. v. ant. fer poussé en or sur les plats.

Bible de Mortier, version hollandaise. Exemplaire avec la marque des clous.

4. Taferelen der voornaamste Geschiedenissen, van het oude en nieuwe Testament en andere boeken, bij de Heilige schrift gevoegt door de Vermaarde Kunstenaars Hoet, Houbraken, en Picart. *Ins Graavenhaage by Pieter de Hondt*, 1728, 3 vol. gr. in-folio, *Imperiaal papier*, demi-rel. veau antique.

5. Généalogie historique et chronologique des anciens patriarches depuis la création du monde jusqu'à la naissance de Notre-Seigneur Jésus-Christ, dressée d'après la sainte Écriture, par le baron J.-S.-F. H***. *Bruges*, 1855. in-4, 4 *lithographies*, demi-rel. avec coins mar. r. fil. doré en tête, non rog.

6. Homiliario quadragesimale di M. Lodovico Pit-

torio da Ferrara. *In Venitia, appresso Giovanni Chrieghero Alemanno,* 1568, in-4, demi-reliure parch.

Nombreuses figures sur bois.

BEAUX-ARTS.

7. Delle Vite de' più eccellenti pittori, scultori et architetti di Giorgio Vasari. *In Bologna*, 1648, 3 vol. in-4, v. brun.

Nombreux portraits.

8. La Vie des peintres flamands, allemands et hollandais, avec des portraits gravés en taille-douce, une indication de leurs principaux ouvrages, et des réflexions sur leurs différentes manières, par M. J.-B. Descamps. *A Paris, chez Ch. Antoine Jombert*, 1753, 4 vol. in-8, demi-rel. v. antiq.

9. Le più insigni Pitture Parmensi indicate agli amatori delle belle arti. *Parma, dalla tipografia Bodoniana*, 1809, in-fol. *figures*, demi-rel. v. antiq. non rog.

Exemplaire avec la dédicace à Marie-Louise.

10. Pitture di Antonio Allegri detto il Correggio esistenti in Parma nel monistero di san Paolo. *Parma, nel regal Palazzo,* 1800, in-fol. cart. n. rog. *frontispice et* 33 *planches à la sépia.*

11. Il Claustro di San Michele in Bosco di Bologna... dipinto dal famoso Lodovico Carracci e da altri eccellenti maestri usciti dalla sua scuola, descritto da G.-C. Zanotti. *Bologna*, 1776, in-fol. pl. vignettes, etc., cart. ébarbé.

12. Galerie du Palais-Royal, gravée d'après les tableaux des différentes écoles qui la composent, par J. Couché, avec un texte par l'abbé de Fontenai. *Paris*, 1786, in-fol.

Environ 130 planches dans un carton.

13. L'OEuvre de Rembrandt, décrit et commenté par Charles Blanc. *Paris*, *A. Lévy*, 1873, 2 vol. in-4, eaux-fortes, dos et coins de mar. r. tête dor. non rogné.

Ouvrage tiré à 500 exemplaires seulement.

14. Recueil d'estampes gravées, d'après les tableaux du cabinet de Mgr le duc de Choiseul, par les soins du sieur Basan. *A Paris, chez l'auteur*, 1771, in-4, 123 planches gravées, demi-rel. avec coins mar. r. dos orné, fil. doré en tête, non rog.

Second tirage.

15. Collection de M. John W. Wilson exposée dans la galerie du cercle artistique et littéraire de Bruxelles. *Paris*, *Jules Claye*, 1873, in-4, *planches gravées à l'eau-forte*, in-4, demi-rel. avec coins, mar r. dos orné, fil. doré en tête, non rog.

Exemplaire sur PAPIER WHATMAN. Quelques planches sont avant la lettre.

16. Les Ruines des plus beaux monuments de la Grèce, ouvrage divisé en deux parties, par M. Le Roy, architecte. *A Paris*, 1758, 2 part. en 1 vol. gr. in-fol. figures, demi-rel. bas.

17. Vite e ritratti di illustri Italiani. *Milano, tipografia Bettoni*, 1820, 2 vol. in-fol. portraits, demi-rel. non rog.

Exemplaire en grand papier vélin. Belles épreuves des portraits.

18. Vite e ritratti di venticinque uomini illustri. *Padova*, 1822, in-4, cart. non rog.

25 portraits.

19. Portraits d'après Devéria pour les lettres de Mme de Sévigné. 25 pièces gr. in-8.

Épreuves sur chine avant la lettre; on y a joint 14 eaux-fortes.

20. Portraits gravés par Ceroni, d'après Petitot. *Paris, Blaisot*, in-4, en feuilles.

21. Collection de 20 portraits du siècle de Louis XIV, que l'on peut joindre à la nouvelle édition des Lettres de madame de Sévigné. *A Paris, J. Blaise*, 1818, in-8, cart.

22. Collection de 25 portraits des personnages les plus célèbres du siècle de Louis XIV, avec une notice sur chacun, dessinés par Devéria. *Paris, Lemarchand*, 1829, in-8, préparé pour la reliure.

23. Iconographie des lettres de madame de Sévigné. — Collection de 137 portraits, extraits des attiques du palais de Versailles et gravés sur acier. *Paris, L. Hachette, s. d.*, portraits in-8, dans un carton.

24. Michaelis Angeli Causei de la Chausse Romanum museum sive thesaurus eruditæ antiquitatis. *Romæ, typis Jo. Francisci Chracas*, 1707, in-fol. fig. vél. blanc de Holl.

25. Studie beelden en fragmenten, na het leven geteekend, en in het koper gebragt door Jacob Ernst Marcus. *Amsterdam, s. d.*, in-4 obl. demi-rel. v. ant.

Recueil de 105 planches. Très-belles épreuves.

26. Flora ouero cultura di fiori del P. Gio. Battista Ferrari Sanese della comp. di Giesu, distinta in quattro libri e trasportata dalla lingua latina nell' italiana da Lodovico Aureli Perugino. *In Roma, per Pier Ant. Facciotti*, 1638, in-4, *figures*, bas. verte.

Le titre a un raccommodage.

27. Almanach iconologique pour l'année 1766. Les sciences, *titre frontispice et 7 figures par Gravelot, gravées par L. Prévost, Choffard, de Longueil.* — Almanach iconologique, année 1770, les quatre parties du monde, les saisons, *titre-frontispice,*

par H. Gravelot, gravé par de Ghendt, et 12 figures, par Gravelot, gravées par L. Prévost, Saint-Aubin, Massard, de Longueil, E. de Ghendt, N. de Launay, Rousseau, Choffard, Simonet. — Almanach iconologique, année 1771, les douze mois, *titre-frontispice de Gravelot, gravé par de Ghendt, 12 figures par Gravelot, gravées par de Launay. L. Prévost, de Ghendt, Rousseau, Simonet, Saint-Aubin, Massard et de Longueil.* — Ens. 3 vol. in-18, mar. r. fil. tr. dor. (*Reliures anciennes.*)

28. Iconologie par figures, ou traité complet des allégories, emblèmes, etc. *A Paris, chez Le Pan, s. d.*, 4 vol. in-12, *portrait de Gravelot par Delatour, gravé par Gaucher, portrait de Cochin par Monnet, gravé par Gaucher, figures par Gravelot et Cochin, gravées par Choffard, N. Le Mire, E. de Ghendt, Rousseau, Simonnet, Leveau, Lingée, Massard, de Longueil, Saint-Aubin, Aliamet, etc.*, 4 vol. in-8, v. ant. dent. tr. dor.

29. Pot-pourri françois de contredanse ancienne tel qu'il se danse chez la Reine, arrangé et mis au jour par M. Landrin, maître de danse et compositeur des traits de contredanse. *A Paris, chez Landrin, s. d.*, pet. in-4, cart. *texte et musique notée entièrement gravés.*

BELLES-LETTRES.

I. POÈTES ANCIENS.

30. OEuvres complètes d'Homère, traduction nouvelle, dédiée au Roi, avec des notes littérales, historiques et géographiques, suivies des imitations des poëtes anciens et modernes, par M. Gin. *A Paris, de l'impr. de Didot l'aîné*, 1786, 4 vol. in-4, *figures de Marillier*, v. rac. dent. tr. marbr.

31. Héro et Léandre, poëme de Musée; on y a joint la traduction de plusieurs idylles de Théocrite, par M*** C*** (Moutonnet de Clairfons). *A Sestos, et se trouve à Paris, chez Le Boucher*, 1774, gr. in-8, *frontispice par Eisen, gravé par Duclos*, v. antiq. marbr. fil. tr. dor.

32. P. VIRGILII MARONIS OPERA. *Parmæ, in ædibus Palatinis, typis Bodonianis*, 1793, 2 tom. en 6 vol. gr. in-fol. dos et coins de mar. r. non rog.

L'un des 25 exemplaires sur papier vélin, orné de plus de 1000 gravures, vignettes, fleurons, etc., etc., extraits des diverses éditions suivantes de Virgile :

1° Virgilii opera. *Strasbourg*, 1502, in-fol. goth. gravures sur bois de Brandt, coloriées. — Suite très-curieuse, qui a été coloriée à l'époque de la publication de l'ouvrage; le coloris en est très-vif. On a laissé au-dessous de chaque gravure quelques vers du texte.

2° Virgilii opera. Ex antiquis monumentis illustrata, cur. H. Justice. (*Hagæ Com.*, 1757.) 5 vol. in-8°. On a conservé aussi une partie du texte gravé au-dessous de chacune des vignettes de cette édition.

3° Virgilii opera. *Excudebat P. Didot, natu major*, 1798, gravures d'après Gérard et Girodet. — Belle suite de ces gravures; tirage après les 250 de l'édition grand in-fol.

4° Virgilius Maro, varietate lectionis et perpetua adnotatione... illustratus, a C.-G. Heyne. *Lipsiæ*, 1800, 6 vol. grand in-8°. — Vignettes avant la lettre et tirées hors texte.

5° Antiquissimi Virgiliani codicis fragmenta et picturæ, ex Bibliotheca Vaticana. Ad priscas imaginum formas, a P. Sancte Bartholi incisæ. *Romæ*, 1741, in-fol.

6° Virgilii opera. Ex cod. Mediceo-Laurentiano descripta. *Romæ, Zempel*, 1763-65, 3 vol. in-fol.

7° Virgilii Bucolica et Georgica, tabulis æneis incidit Pine. *Londini*, 1774, in-8°.

8° The works of Virgilius, translated and illustrated, with illustrations by John Ogilvy. *London*, 1654 ou 1668. — Suite des gravures de Hollar, Faithorn, etc.

9° L'Eneide di Virgilio del commendatore Annibal Caro. *In Parigi*, 1760, 2 vol. grand in-8°, fig. de Zocchi, portrait de Virgile gravé par Ficquet.

10° L'Eneide di Virgilio dipinta in Scandiano da Nicaloo Abbadi, i desigui incisi da Ant. Gajani di Bologna... *Modena*, 1821, grand in-fol. — Gravures au trait.

11° L'Eneide del commend. Annibal Caro. *Firenze*, 1836.

Réduction des figures de l'édition de *Rome*, 1819, exécutée aux frais de la duchesse de Devonshire, et ornée d'estampes et de vignettes représentant en général des sites de l'Italie moderne et d'autres lieux que les vers de Virgile ont rendus célèbres.

12° 10 gravures de Picard, extraites du *Temple des Muses. Amsterdam*, 1763, grand in-fol. — Ces planches ont rapport aux œuvres de Virgile.

13° 5 gravures de Moreau, avant la lettre.

14° Contre-façon in-8° des gravures de Gérard et autres.

15° Deux gravures dans le tome IV sur la mort de Didon; la première d'après Vouet, gravée par Dorigny, et la seconde, représentée en burlesque, d'après Trost, gravée par Fokke.

L'ouvrage est monté sur onglets.

33. P. Virgilii Maronis opera, ex antiquis monimentis illustrata, cura, studio et sumtibus Henrici Justice. *Bruxelles*, *s. d.*, 5 vol. in-8, figures et vignettes, demi-rel. v. ant.

Édition entièrement gravée.

34. P. Virgilii Maronis opera, varietate lectionis et perpetua adnotatione illustrata a Chr. Gottl. Heyne. *Londini*, *T. Payne*, 1793, 4 vol. gr. in-8, vignettes et culs-de-lampe.

35. Les Géorgiques de Virgile, traduction nouvelle en vers françois, enrichies de notes et de figures, par M. Delille. *A Paris, chez C. Bleuet*, 1770, *figure par Casanova et 4 figures par Eisen, gravées par de Longueil*, gr. in-8, v. fauve antiq. fil. tr. marbr.

36. Quinti Horatii Flacci opera. *Londini*, *æneis tabulis incidit Johannes Pine*, 1733-1737, 2 vol. in-8, texte gravé, 2 fleurons et 227 illustrations en tant que frontispices, grandes figures, vignettes et culs-de-lampe à sujets, mar. viol. dos orné, dent. à comp. et dent. int. tr. dor. (*Reliure moderne.*)

Exemplaire de deuxième tirage.

37. Q. HORATII FLACCI OPERA. *Parmæ, in ædibus Palatinis, typis Bodonianis*, 1791, gr. in-fol. gravures, dos et coins de mar. vert, dos orné, fil. non rog.

La plus belle des productions de Bodoni; l'un des 50 exemplaires en grand papier vélin, enrichi des illustrations suivantes, montées sur onglets : 1 frontispice, Legrand fecit. — Panorama de Tivoli. — 1 frontispice de Lafitte, double épreuve. — 1 frontispice de B. Picart, double épreuve. — 14 portraits divers, quelques-uns avant la lettre. — Les 12 jolies vignettes dessinées par Percier. — Environ 30 figures, vues diverses. — *Horatii emblemata, studio Othonis Væni. Antuerpiæ*, 1612. — Environ 100 gravures.

38. PUBL. OVIDII NASONIS OPERA. *Parmæ, per Aloysium Mussi*, 1806-1808, 6 vol. in-fol. gravures, dos et coins de mar. vert, dos orné, fil. non rog.

Édition tirée à 103 exemplaires numérotés (n° 43). — Pour donner une liste aussi complète que possible des diverses suites de gravures et des nombreuses pièces qui ornent cet exemplaire, nous détaillerons chaque volume séparément. — La suite des gravures de B. Picart pour le *Temple des Muses*, environ 70 planches (plusieurs sont en double) et plus de 15 planches contenant des culs-de-lampe, lettres ornées, têtes de page, etc., rapportés, sont réparties dans les 6 volumes.

TOME Ier.

HÉROÏDES. — VIE D'OVIDE.

La suite des vignettes de Zocchi pour les Héroïdes. — *Lettre de Sapho à Phaon* : environ 16 gravures au trait de Girodet, 2 vignettes d'Eisen, 1 de Choffard et 1 figure de Gravelot.

TOME II.

LES AMOURS. — L'ART D'AIMER. — MÉTAMORPHOSES (livre I).

Gravure ancienne : *Ovide couronné*, Martin Bouche, sculp. — 2 gravures en forme de médaillons, Petrus Vander A. A excudit, 1669 & 1701. — *L'Amour taillant son arc* d'après Mazzola, gravé par Bouillard. — *Sacrifice à Priape*, belle gravure ancienne. — *L'Amour reçoit les hommages des dieux* d'après Lesueur, gravé par Desplaces. — *Les trois Grâces*, 3 belles gravures; la première d'après Tibaldi, gravée par Asioli, avec la dédicace; la seconde d'après Rubens, gravée par Massard; la troisième d'après Rubens, gravée par P. de Jode (différente de la précédente). — *Vénus, Cupidon et le Satyre* d'après Luca Giordano, gravé par Bartolozzi, grand in-fol. en largeur, avec une dédicace signée J. Boydell. — *Vénus liant les ailes de l'Amour* d'après Lebrun, gravé par Schult; belle épreuve, dédicace au comte d'Artois. — *Mars et Vénus* d'après Lanfranc, gravé par Massard. — *Vénus et Adonis* d'après Nahl, gravé par Durmer. — *L'Amour forgeron*, figure en médaillon. — *L'Amour et Vulcain*, gravure ancienne. — *Vénus tirant une flèche du carquois de l'Amour*, belle gravure, sans noms d'artistes. — *Serment d'aimer*, vignette. — *Nul amour sans peine, nul* (sic) *rose sans épine* d'après Nattier, gravé par l'Épicier. — *Jupiter et Léda*, 2 gravures; la première sans noms d'artistes; la seconde d'après le Corrége, gravée par Desrochers. — *Mars et Vénus*, d'après F. Perrier, gravé par le Blond. — **Quatorze lithographies** d'après les dessins de Girodet-Trioson, la plupart tirées sur chine. — *Vénus à la coquille* d'après Titien, gravée par Benoist. — *Vénus avec la pomme et l'Amour*, gravure ancienne. — *Mercure* d'après Simon Voüet, gravé par Dorigny. — Gravure ancienne. — *Io et Jupiter* d'après A. Van Dervers, gravé par Durmer. — *Salmacis et Hermaphrodite* d'après de Troy, gravé par Daullé. — *Vénus et l'Amour*, belle gravure sans noms d'artistes.

On a ajouté à la fin de ce volume le Ier livre des Métamorphoses; cette partie des œuvres d'Ovide est ornée de plusieurs suites de figures dont nous donnerons la liste à la fin de cet article; les pièces détachées qui se trouvent dans ce Ier livre sont : environ 14 gravures représentant des dieux de la mythologie et des bustes de l'antiquité. — *Les Quatre Saisons*, 4 culs-de-lampe d'après Boucher. — *Apollon et Daphné*, bas-relief d'Ivoire. — *Faune chasseur*, dessiné par Vauthier, gravé par Queverdo. — *Pan et Syrinx* d'après Martin de Vos, gravé par Varin.

TOME III.

MÉTAMORPHOSES (livres II à V).

Phaéton foudroyé par Jupiter d'après Michel-Ange. *Rome*, 1649. — *Actéon métamorphosé en cerf*, 4 gravures; la première d'après Rottenhamer, gravée par Beauvarlet; la seconde d'après Lemens, gravée par Larmessin; la troisième d'après Dominicus Zamper; la quatrième sans noms d'artistes. — *Jupiter et Sémélé* d'après Jules Romain, gravé par Haussart. — *Salmacis et Hermaphrodite* d'après Mattei, gravé par Romanet. — *Le même* d'après Cazes, gravé par Maillet. — *Apollon chantant les louanges de Vénus* d'après Voüet, gravé par Dorigny. — *Uranie* d'après Lesueur, gravé par Devillier. — *Jupiter et Danaé* d'après le Corrége, gravé par Trière. — *Le même*, deux gravures; la première d'après J. Romain, gravée par de Poilly; la seconde d'après Rottenhamer, gravée par Delaunay. — *Cérès*, deux gravures anciennes. — *Andromède*, deux gravures; la première d'après Lemoyne, gravée par Cars; la seconde sans noms d'artistes. — *Terpsichore* d'après Lesueur, gravée par Langlois. — *L'Enlèvement de Proserpine* d'après Nicolo dell' Abate, gravé par Alix. — Environ huit gravures de Vauthier ou Montagny, extraites du *Musée Napoléon*.

TOME IV.

MÉTAMORPHOSES (livres VI à XII).

Jupiter et Antiope d'après Cazali, gravé par Chambars. — *Enlèvement de Borée* d'après Rubens, eau-forte non terminée. — *Céphale et Procris* d'après Podenburg, gravé par Dambrun. — *Nuptiæ Meleagri et Atalantæ* d'après Polidoro, gravé par Tinti. — *Gravure ancienne*, 1533. — *Les Nymphes* d'après Wanderverss, gravé par Lefèvre. — *Les Travaux d'Hercule*, environ 10 gravures anciennes, *Goltzius excudebat*. — *Hercule et Achéloüs* d'après Regillo, gravé par Patas. — *L'Enlèvement de Déjanire* d'après Guido Reni, gravé par Lignon. — Deux gravures anciennes, Ant. Salamanca excudit. — Gravure ancienne allégorique d'après Heince, gravée par le Blond. — *Euridisse* (sic), vignette. — *Jupiter et Ganymède*, gravure ancienne. — *Psyché* d'après Dubois, gravée par Deshayes. — *Vénus et l'Amour* d'après le vieux Palme, gravé par Maraia. — *Le même*, sans noms d'artistes. — Deux gravures anciennes, *Salamanca excudit*. — *Vénus et Adonis*, bas-relief d'Ivoire. — *Mort d'Adonis*, bas-relief d'Ivoire. — *Triomphe de Bacchus* d'après Rubens, gravure ancienne. — Autre gravure ancienne. — *Le Jugement de Pâris*, Marc-Antoine Salamanca excud. — *Le Jugement de Pâris* d'après Wanderverss, gravé par Lefèvre.

TOME V.

MÉTAMORPHOSES (livres XIII à XV).

Circé, gravure ancienne d'après Annibal Carrache, gravée par Miguard.
A la fin du XVe livre, on a placé une suite d'environ 65 gravures anciennes se rapportant a l'ouvrage; l'une de ces gravures porte : Ant. Caron invenit, F. de Leu sculps. — Autre suite de 12 gravures anciennes, *R. V. Orley fecit.*

TOME VI.

FASTES. — TRISTES.

Frontispice de Punt. — *Enlèvement des Sabines* d'après Salviati, gravé par Romanet. — *Cérès et Bacchus*, gravure ancienne. — *Bacchus triomphant*, dessiné par Eisen d'après un bas-relief d'Ivoire. — *Bacchus* d'après F. Mola. — *Bacchus et les Satyres* d'après Rubens, gravé par Delaunay. — *Quatre figures diverses*, bas-reliefs d'Ivoire. — *Silène*, gravure ancienne, P. Mariette, excud. — *Tithon*, gravure ancienne, Matham del. — *Hercule*, gravure ancienne. — *Hercule tuant l'hydre de Lerne*, 5 gravures anciennes; la première d'après Carrache, gravée par Cesius; la seconde d'après Cheron, gravée par Vander Gucht; la troisième de Vander Gucht; la quatrième d'après Cheron, gravée par Vander Gucht (différente de la seconde); la cinquième de Vander Gucht (différente de la troisième). — *Hercule et Omphale* d'après Carrache, gravé par Cesius. — *Faune jeté à terre par Hercule*, bas-relief d'Ivoire. — *Hercule et Omphale*, dessiné par Trabattesi, gravé par Faucci. — *Cérès*, gravure ancienne. — *Repos de Diane*, gravure en couleur d'après Van Balen, gravé par Durmer. — *Diane au bain*, grande planche en largeur; très-belle épreuve avant toute lettre. — *Diane et Calisto* d'après Goltzius, gravé par Saenredam. — *Diane* d'après Carrache, gravée par Cesius. — *Diane et Actéon*, grande gravure ancienne. — *Diane et ses compagnes au bain* d'après Tremollierre, gravé par Maillet. — *Diane et Calisto*, Saenredam sculps, 1606. — *L'Amour châtié par sa mère*, gravure ancienne. *Paris, chez Massard.* — *Jupiter nourri par les Nymphes* d'après N. Poussin. — 5 gravures d'après les dessins de Vauthier, extraites du *Musée Napoléon.* — *Statue de Flore*, Mellan del. et f., 1610. — *Apollon*, Duncker del. — Environ 15 planches d'après les dessins de Vauthier, extraites du *Musée Napoléon.* — *Bacchus*, *Diane*, 2 planches, Mellan del., 1669.

MÉTAMORPHOSES (tomes II à V).

Suites des gravures.

1° La suite des figures d'après Guillaume Baur. *Norimbergæ*, 1687.
2° La suite des gravures, Petrus Schenck excud. L. Schenck fecit.
3° La double suite des gravures allemandes de Sandrart. *Nürnberg*, 1698.
4° La suite des figures d'après les dessins de Renaud.
5° La suite des gravures in-folio de Clein, gravées par Saveri.
6° Une collection de figures d'après Carrache, gravées par Cæsius.
L'ouvrage est monté sur onglets.

39. LES MÉTAMORPHOSES D'OVIDE en latin et en françois, de la traduction de M. l'abbé Banier, avec des explications historiques. *A Paris, chez Despilly*, 1767-1771, 4 vol. in-4. *fleurons sur les titres, figures, vignettes et culs-de-lampe par*

Boucher, Eisen, Gravelot et Moreau, mar. bleu ciel, dos orné, dent. sur les plats et dent. int. doublé de moire blanche, tr. dor.

Bel exemplaire de 1er tirage.

40. LES MÉTAMORPHOSES D'OVIDE, traduction nouvelle, avec le texte latin, suivie de notes par M. G.-T. Villenave. *A Paris, chez Gay et Guestard, de l'imprimerie de P. Didot l'aîné*, 1806, 4 tom. en 5 forts volumes in-4, pap. vél. gravures, chag. r. dent. sur les plats et dent. int. non rogné.

Bel exemplaire de cette édition, ornée des figures de Le Barbier, Monsiau, Moreau, etc., auxquelles on a ajouté plus de 700 gravures diverses, savoir :

1° Figures de Boucher, Eisen, Gravelot, Moreau, etc., gravées par les soins de Le Mire et Basan, pour l'édition de *Paris, Leclerc*, 1767-71, 4 vol. in-4.

2° 25 figures de la même suite, réduites, et avec un encadrement différent, pour l'édition espagnole.

3° Environ 120 gravures de B. Picart et autres, pour l'édition d'*Amsterdam*, 1732. Belles épreuves.

4° 226 figures de Leclerc, Chauveau, etc., pour les *Métamorphoses d'Ovide en rondeaux*.

5° 14 figures de ronde-bosse d'Ivoire.

6° 21 gravures (statues), extraites du *Musée Napoléon*, dessinées par Vauthier, Montagny, etc.

7° 41 gravures, tirées de la *Galerie du Palais-Royal*, gravées par les soins de Couché. Très-belles épreuves.

Chacun des volumes contient, en outre, une quantité de gravures et vignettes diverses, dont nous allons donner le détail :

TOME Ier.

Frontispice de Gœrée, pour l'édition d'*Amsterdam, Mortier*. — 2 portraits. — 19 gravures anciennes (1 double). *Jacobus Veronensis fecit*, 1526. — *Les Géants foudroyés par Jupiter*, belle gravure ancienne; coin un peu déchiré. — *Le Déluge*, 2 fac-simile de dessins anciens. — *Deucalion et Pyrrha; le Berger Battus*, gravures anciennes. — *Chiron*, de Eisen. — *L'Assemblée des Dieux* d'après G. Hoet, gravé par Longueil. — *Apollon et Daphné* d'après Albane, gravé par Chataigner.

TOME II.

Le frontispice pour les *Métamorphoses d'Ovide en rondeaux*. — 22 gravures, représentant des dieux, des mois, etc. — *Mort d'Actéon* (Actéon XIX). — *Narcisse*, par Mme Benoist. — *Une bacchanale* d'après Poussin. — *Pentheus*, gravure ancienne. — *Andromède*, gravure ancienne avant la lettre. — *L'Amour*, 3 gravures (1 double en couleur), *à Paris, chez Guynaud*. — *Cérès*, dessiné et gravé par Boutrois. — *La Léda* d'après André del Sarto, gravée par Piroli. — *Latone, Marsyas, Philomèle*, gravures anciennes.

TOME III.

Frontispice de Gœrée. — *Jason*, *Médée*, *Thésée* et *Procris*, 4 gravures anciennes. — *Ariane abandonnée de Thésée*, figure de ronde-bosse de terre cuite. — *Ariane*, gravure ancienne. — *Hercule et Antée*, 1529. — *L'Enlèvement de Déjanire* d'après le Guide, gravé par Lefèvre, monté sur chine. — *Alceste*, *Hercule*, *Orphée*, 3 gravures anciennes. — *L'Enlèvement de Ganymède* d'après Lesueur, gravé par Coiny. — *Toilette de Vénus* d'après Albane, gravé par Fortier, jolie vignette, montée sur chine. — *Adonis*, par Mme Benoist. — *La Mort d'Orphée* de Le Barbier, avant la lettre.

TOME IV.

Diane chasseresse et les Quatre Saisons, gravure au trait. — *La Lune* d'après R. Urbinas. — 26 gravures, gravées par Thomassin d'après les statues antiques, représentant les divinités de la mythologie et autres sujets. — 6 gravures, représentant des Amours, d'après les fresques d'Herculanum. — *Iphigénie*, ancienne gravure. — *Philoctète*, gravure ancienne. — *Le Triomphe de Galatée* d'après Raphaël, gravé par Lefèvre, gravure montée sur chine. — 36 gravures de Duvivier, Moreau, Monsiau, etc., AVANT LA LETTRE.

TOME V.

Ce volume est formé par les notes et commentaires de l'édition et ne contient qu'un frontispice de Gœrée.

41. De Gedaant-Wisselingen van P. Ovidius Naso, in het latyn en nederduitsch, nieulyx vertaald, en te zamen in het licht gegeven, door J. Verburg. *Te Amsterdam by Wetstein en Smith*, 1732, 2 tom. en 1 vol. gr. in-fol. figures de B. Picart et autres, v. ant. marbr. dent. non rog.

La version hollandaise de cette édition des *Métamorphoses d'Ovide* est considérée comme contenant les plus belles épreuves des gravures. Exemplaire avec les 3 planches de Lebrun.

42. Phædri Augusti, Cæsaris liberti, fabularum æsopiarum libri quinque, ed. a Johanne Laurentio. *Amstelodami, apud Johannem Janssonium*, 1667, in-8, *figures à mi-pages*, mar. r. foncé, dos orné, dent. et large dent. int. tr. dor. (*Reliure moderne*.)

43. Phædri Aug. liberti fabularum Æsopiarum libri V, notis illustravit David Hoogstratanus. *Amstelædami, ex typographia Francisci Halmæ*, 1701, in-4, *fleuron sur le titre, portrait du prince de Nassau, par B. Vaillant*, 6 *vignettes et* 31 *culs-de-lampe, dont beaucoup se répètent*, 9 *lettres or-*

nées et 18 *figures composées chacune de six médaillons à sujets*, vélin blanc.

44. Élégies de Tibulle, avec des notes et recherches de mythologie, d'histoire et de philosophie, suivies des Baisers de Jean Second, traduction nouvelle. *Tours et Paris, an III, portraits et figures par Borel*, demi-rel. mar. r. avec coins, fil. tête dor. n. rog.

45. La Pharsale de Lucain, traduite en français par M. Marmontel. *Paris, chez Merlin*, 1766, 2 vol. in-8, 1 *frontispice et* 10 *figures par Gravelot, gravés par Duclos, de Ghendt, Le Mire, Née, Rousseau et Simonet*, v. antiq. fil. tr. dor.

46. Titi Lucretii Cari de rerum natura libri sex. *Birmingamiæ, typis Johannis Baskerville*, 1772, in-4, demi-rel. avec coins de mar. r. dor. en tête, non rogné.

On a ajouté à cet exemplaire les figures de Monnet, avant la lettre, et la suite de Gravelot, remontée grand in-4°.

47. Lucrèce. De la Nature des choses, traduction nouvelle et texte en regard, avec des notes, par M. L*** G*** (La Grange). *Paris, chez Bleuet*, 1768, 2 vol. in-8, papier de Hollande, frontispice et 6 figures de Gravelot, gravées par Binet, v. antiq. fil. tr. dor.

48. Di Tito Lucrezio Caro della Natura delle cose libri sei tradotti dal latino in italiano da Alessandro Marchetto. *In Amsterdamo*, 1754, 2 vol. gr. in-8, papier de Hollande, 2 *frontispices et* 2 *titres par Eisen*, 6 *figures*, 7 *vignettes et* 5 *culs-de-lampe par Cochin, Le Lorrain et Eisen, gravés par Aliamet, Le Mire, Sarnique, Tardieu, Baquoy, Chenu*, etc., bas. verte, fil. tr. dor.

49. Epithalamia exoticis linguis reddita. *Parmæ, ex regio typographeo*, 1575, gr. in-fol. orné d'en-tête de pages et de fleurons, demi-rel. avec coins mar. r. dos orné, fil. doré en tête, n. rog.

50. Theophili Folengi, Merlini Cocaii, opus macaronicum, notis illustratum, cui accessit vocabularium vernaculum etruscum et latinum. *Amstelodami*, 1768, 2 vol. in-4, *portrait*, demi-rel. bas. verte, non rogné.

II. POÈTES FRANÇAIS.

51. OEUVRES DE NICOLAS BOILEAU-DESPRÉAUX, avec des éclaircissemens historiques donnez par lui-même, édition enrichie de figures gravées par Bernard Picart, le Romain. *A Amsterdam, chez David Mortier*, 1718, 2 vol. in-fol. mar. r. dos orné, large dent. à petits fers sur les plats, doublé de satin vert, tr. dor.

Très-bel exemplaire dans son ancienne reliure. Pour le Lutrin, les figures sont de B. Picart et de Cochin, in-fol.

52. OEUVRES POÉTIQUES DE BOILEAU-DESPRÉAUX. — *A Parme, de l'imprimerie de la veuve Bodoni*, 1814, 2 vol. in-fol. gr. papier vélin, gravures, dos et coins de mar. bleu, fil. non rog.

Édition tirée à très-petit nombre. Notre exemplaire est enrichi de diverses suites de gravures que nous détaillerons ci-dessous, de 34 portraits différents de Boileau, dont quelques-uns ont des encadrements factices en lettres ornées disposées d'une façon très-originale, et d'une quantité de vignettes, fleurons, culs-de-lampe, lettres ornées, frises et ornements divers, par Picart, Eisen, Quellinus, etc. L'ouvrage est monté sur onglets.

Les suites de gravures qui se trouvent dans cet exemplaire sont :

1° 12 gravures in-8° d'après Vernet, Hersent, Bergeret, etc., publiées pour l'édition de *Blaise*, avec la suite des eaux-fortes de ces mêmes gravures.

2° La suite in-8° en travers de Fortin, pour le Boileau de Didot, in-folio.

3° La suite des 6 gravures non signées, pour l'édition de *Paris, David et Durand*, 1747.

4° Le frontispice et les 6 gravures de B. Picart, pour le *Lutrin;* ces dernières en double épreuve.

5° La suite de Gillot, gravée par Duflos et Scotin.

6° La suite de Moreau en double épreuve, avant et avec la lettre.

7° 6 eaux-fortes de Fc.lquier, pour le *Lutrin*.

8° La suite des 6 gravures de Desenne, en plusieurs épreuves; eaux-fortes, épreuves avant la lettre sur papier blanc et sur chine, épreuves avec la lettre sur chine, avec la référence de *Furne*. — En tout 25 pièces.

Le tome Ier contient, en outre, une eau-forte, représentant Boileau dans un jardin, déclamant. Le tome II, 2 fac-simile d'autographes, 2 portraits de Racine, dont un avant la lettre, et 2 portraits de Molière.

Toutes ces gravures ont été remontées avec beaucoup de soin.

53. Les OEuvres posthumes de M. de la Fontaine. *A Paris, chez Jean Pohier,* 1696, in-12, portrait, demi-rel. mar. r. tr. peign.

1re édition des ouvrages contenus dans ce volume.

54. Les OEuvres de M. de la Fontaine. *A Anvers, chez les frères Jacob et M. Sauvage,* 1726, 3 vol. in-4, *portrait de la Fontaine,* par E. Dufflos, fleuron sur les 3 titres, v. antiq. marbr.

Texte encadré.
Exemplaire aux armes de la COMTESSE DE VERRUE.

55. OEuvres complètes de la Fontaine, précédées d'une nouvelle notice sur sa vie. *A Paris,* 1818, 6 vol in-8, *portrait gravé d'après Rigault, figures de Moreau le jeune,* demi-rel. v. bleu, tr. marbr.

56. FABLES CHOISIES, mises en vers par J. de la Fontaine. *A Paris, chez Desaint et Saillant,* 1755-1759, 4 vol. in-fol. *frontispice, portrait d'Oudry, d'après Largillière, gravé par Tardieu, et* 276 *figures par Oudry,* maroq. amarante, dos orné, fil. or et dent. à froid à comp. sur les plats, dent. int. tr. dorée. (*Bosquet.*)

Bonnes épreuves. Exemplaire en papier moyen.

57. Fables choisies, mises en vers par J. de la Fontaine, nouvelle édition, gravée en taille-douce, les figures par le sieur Fessard, le texte par le sieur Montulay, dédiées aux enfants de France. *A Paris, chez l'auteur,* 1765-1775, 6 vol. in-8, 250 *figures et* 450 *vignettes et culs-de-lampe,* v. écaille, fil. tr. dorée.

Exemplaire de 1er tirage et sur papier fort.

58. Fables choisies en vers, par J. de la Fontaine. *A Leiden, chez Luzac et Van Damme,* 1786, 6 vol. in-8, *fig. d'après J. Punt, Delfos et Winkeles,* demi-rel. v. antiq.

59. Fables de la Fontaine, avec figures gravées par MM. Simon et Coiny. *A Paris, chez Bossange,*

Masson et Besson, an IV, 6 vol. pet. in-12, fig. v. rac. dent. à comp. tr. dor.

60. FABLES DE LA FONTAINE. *A Parme, de l'imprimerie de la veuve Bodoni*, 1814, 2 tom. en 9 forts volumes gr. in-fol. pap. vélin, gravures, dos et coins de mar. r. dos orné, fil. non rog. (*Monté sur onglets.*)

Exemplaire orné de diverses suites de figures, savoir :

1° La suite des figures à mi-pages d'après Chauveau, gravées par Cause.

2° La suite des figures d'après Oudry, gravées par Meil.

3° La suite des figures gravées par Punt, Delfos et Winkeles.

4° La suite des figures gravées par Alard, Bertin, etc., copiées ou imitées d'Oudry.

5° La suite des figures de Simon et Coiny.

6° Environ 40 figures de la même suite, épreuves avant les numéros.

7° Une suite de figures pour les fables de Phèdre, gravées par Moithey. Ces figures sont dans le genre de celles de Simon et Coiny.

8° La suite des gravures de Krafft du *Trésor des fables*. Bruxelles, 1734.

Pour ces deux derniers articles, toutes les gravures qui n'ont pas de rapport avec les fables de la Fontaine ont été conservées; les figures de Moithey se trouvent à la fin du tome VIII, et celles de Krafft à la fin du tome IX.

9° Une suite de figures en largeur, d'après les dessins d'Oudry, d'une édition moderne in-4°.

10° Une suite de figures modernes, dont quelques-unes sur chine.

11° Une suite de figures anglaises, gravées par Perdoux.

12° 7 gravures de Tony Johannot, publiées par Furne.

13° La suite des 12 figures in-8° en travers de Percier, gravées par Girardet.

14° 12 figures de Moreau (suite complète).

15° Figures de Devéria, épreuves AVANT LA LETTRE.

16° Figures de Desenne et autres.

Chacun des volumes contient, en outre :

TOME Ier : 2 portraits de la Fontaine. — Frontispice d'Oudry, in-fol. AVANT LA LETTRE. — Maison de la Fontaine. — *Animalium quadrupedum venatus in usum pictorum, F. de Widt excudebat*, 1631, suite de 7 gravures en travers (y compris le titre). — Frontispice de Caron, gravé par Gaultier. — Frontispice gravé par Chauvin. — 5 gravures d'Oudry, in-folio. — *La Fille*, EAU-FORTE d'Oudry (cette planche devrait être au tome V).

TOME II : Portrait de la Fontaine sur chine, sans noms d'artistes. — 9 gravures d'Oudry, in-fol., dont 5 pour *le Meunier, son Fils et l'Ane.*

TOME III : *la Fontaine*, portrait sur chine, sans noms d'artistes. — 6 gravures d'Oudry, dont 2 pour *les Loups et les Brebis*, et 1 pour *le Loup et la Cigogne*, AVANT LA LETTRE.

TOME IV : *La Fontaine*, portrait. — 2 gravures d'Oudry, dont 1 AVANT LA LETTRE, pour *l'Oracle et l'Impie*. — *L'Ours et les deux Compagnons*, gravure de Girardet, AVANT LA LETTRE.

TOMES V & VI : Chacun de ces deux volumes renferme un portrait de la Fontaine sur chine avant la lettre et deux gravures d'Oudry.

TOMES VII & VIII : Le premier de ces deux volumes contient : le portrait de la Fontaine, par Hopwood, épreuve sur chine, et une gravure d'Oudry, et le second, le portrait par Devéria sur chine, avant la lettre, et une gravure d'Oudry.

TOME IX : La *Fontaine*, portrait ovale sur chine avant la lettre. — Frontispice de Grandville. — *Daphnis et Alcimadure*, EAU-FORTE d'Oudry. — *La Besace*, gravure de Girardet, AVANT LA LETTRE.

Toutes les suites et pièces détachées qui ornent cet exemplaire sont remontées avec beaucoup de soin. A la fin de chaque volume, on a placé une ou plusieurs planches contenant des lettres ornées, culs-de-lampe, etc.

61. Fables de la Fontaine, nouvelle édition, revue et accompagnée de notes, par C.-A. Walckenaer. *A Paris, chez Lefèvre*, 1822, 2 vol. in-8, *figures de Moreau le jeune*, v. vert, fil. tr. marbr.

62. Fables de la Fontaine avec les dessins de Gustave Doré. *Paris, L. Hachette et Cie*, 1868, in-4, fig. dos et coins de chagr. r. plats toile, fil. tr. dor.

63. Contes et nouvelles en vers, par M. de la Fontaine, nouvelle édition, enrichie de tailles-douces, corrigée et augmentée. *Amsterdam, chez Pierre Brunel*, 1696, in-12, v. gr. (*Rel. moderne.*)

64. CONTES ET NOUVELLES EN VERS, par M. de la Fontaine. *Amsterdam* (*Paris*), 1762, 2 vol. in-8, *portraits de la Fontaine, d'après Rigault, gravé par Ficquet; d'Eisen par Vispré, gravé par Ficquet, et de Choffard en cul-de-lampe fait par lui-même, figures, vignettes et culs-de-lampe*, mar. r. fil. tr. dor. (*Rel. anc.*)

Exemplaire avec les figures découvertes; les planches refusées ont été ajoutées.

65. CONTES ET NOUVELLES en vers, par M. de la Fontaine. *Amsterdam*, 1764, 2 vol. in-8, portrait de la Fontaine par Hyacinthe Rigault, gravé par Ficquet, figures gravées et culs-de-lampe, mar. r. tête dor. non rog. (*Bosquet.*)

Première contrefaçon de l'édition de 1762.

66. Contes et nouvelles en vers, de la Fontaine. *A Amsterdam*, 1776, 2 vol. in-8, *frontispice, 2 fleurons sur les titres et vignettes en tête de chaque conte*, mar. r. dos orné, fil. tête dor. non rog. (*Rel. mod.*)

67. CONTES ET NOUVELLES en vers, par la Fontaine, Voltaire, Vergier, Sénecé, Perrault, Moncrif et le

P. Ducerceau. *Londres* (*Paris, Cazin*), 1778, 4 vol. in-18, *portrait de la Fontaine et* 113 *vignettes, gravées par Duplessis-Bertaux, non signées,* mar. citron, dos orné, fil. dent. int. tr. dor. (*Brany.*)

68. CONTES ET NOUVELLES EN VERS, par Jean de la Fontaine. *A Paris, de l'imprimerie de P. Didot l'aîné,* 1795, 2 vol. gr. in-4, pap. vél. gravures, mar. r. dos orné, dent. sur les plats et dent. int. tête dor. non rog.

Cette belle édition des Contes renferme ordinairement 20 gravures de Fragonard, Mallet et Touzé, qui se trouvent dans le tome Ier; l'exemplaire ci-dessus en a 23. Trois de ces gravures, *la Fiancée du roi de Garbe, la Gageure des trois Commères* (*le Poirier*) et *le Juge de Mesle*, sont avant la lettre.

Cet exemplaire est encore enrichi d'environ 220 gravures et de plus ds 100 culs-de-lampe, fleurons, etc., de Choffard, extraits de l'édition des Contes, 1762, et de ceux de la contrefaçon de 1777 de cette même édition.

Voici le détail des gravures :

1° La suite d'après Eisen (80 gravures) de la contrefaçon des Fermiers généraux de 1777, avec les titres et frontispices.

2° 75 gravures de Desenne, Dugoure, Chasselat, etc.

3° 9 gravures de Moreau sur chine (suite complète).

4° 4 gravures de Devéria, avant la lettre.

Chacun des deux volumes contient, en outre, le tome Ier :

11 portraits différents de la Fontaine, sa maison et un fac-simile de son écriture. — Le portrait de Mme de la Sablière, 2 épreuves, dont 1 avant la lettre. — 1 gravure avant la lettre pour *le Cocu battu.* — 2 photographies d'après Lancret, *le Gascon puni* et *les Deux Amis.* — 1 gravure de Colin pour *le Pâté d'anguilles.* — 6 gravures d'Oudry in-4°, 2 pour *la Matrone d'Ephèse* et 4 pour *Belphégor.* — *Le Juge de Mesle*, gravure de Pourvoyeur. — *Première imitation d'Anacréon :* Anacréon dessiné et gravé par Queverdo. Une gravure de Girodet, gravée par Girardet ; 4 épreuves différentes, dont 2 avant la lettre. Un frontispice de B. Picart. Une gravure de Marillier. Une gravure de Bouillon avant la lettre. — *Deuxième imitation d'Anacréon :* Portrait d'Anacréon. Une gravure avant la lettre. Une gravure de Girodet, gravée par Girardet, avant la lettre. Une gravure de Bouillon, gravée par Girardet ; 4 épreuves différentes, dont 2 avant la lettre. Une gravure de Bouillon avant le nom des artistes.

Le tome II contient :

9 portraits différents de la Fontaine. — 1 portrait d'Eisen. — 1 gravure in-4° pour *la Confidente sans le savoir.*

Toutes ces gravures sont collées sur papier fort et montées sur onglets. Chaque volume est renfermé dans un double étui.

69. Contes et nouvelles en vers, par la Fontaine. *Paris, L. de Bure,* 1825, 4 vol. in-12, demi-rel. mar. bleu tr. dor.

On a ajouté à cet exemplaire les vignettes de Duplessis-Bertaux tirées à part.

70. Contes de la Fontaine, nouvelle édition, publiée par C.-A. Walckenaer. *A Paris, chez Lefèvre*, 1822, gr. in-8, *figures de Moreau*, v. vert, fil. tr. marbr.

71. OEuvres de Jean-Baptiste Rousseau, nouvelle édition, revue, corrigée et augmentée sur les manuscrits de l'auteur. *A Bruxelles*, 1743, 3 vol. gr. in-4, *portrait de J.-B. Rousseau, par Aved, gravé par Schmidt, fleuron sur le titre des trois volumes. 12 vignettes, 57 culs-de-lampe, dessinés et gravés par Cochin*, demi-rel. avec coins mar. r. dos orné, fil. tr. dor.

72. OEuvres de J.-B. Rousseau, avec un commentaire historique et littéraire. *Paris, Lefèvre*, 1820, 5 vol. in-8, portrait, bas. tr. marbr.

73. La Pucelle d'Orléans, poëme en vingt-un chants, par Voltaire. *A Paris, de l'imprimerie de Didot le jeune, l'an troisième*, 2 tom. en 1 vol. in-4 (*avec les 22 planches de Marillier, Monnet et Monsiau, le nom des artistes à la pointe*), v. rac. dent. tr. dorée.

Exemplaire sur grand papier vélin.

74. La Pucelle d'Orléans, poëme, par Voltaire. *A Genève (Cazin)*, 1777, in-18, *portrait en médaillon de Jeanne d'Arc, gravé par M. de Launay, d'après les dessins de Marillier*, bas. rouge antiq. tr. dor.

75. La Pucelle d'Orléans, poëme en vingt-un chants (par Voltaire), avec des notes, auquel on a joint plusieurs pièces qui y ont rapport. *A Londres (Paris, Cazin)*, 1780, 2 tom. en 1 vol. in-18, *portraits et 21 jolies vignettes par Duplessis-Bertaux, n. sig.* maroq. citron, dos orné, fil. dent. int. tr. dor. (*Reliure moderne.*)

76. LA PUCELLE D'ORLÉANS, poëme en vingt-un chants, par Voltaire. Édition ornée de figures gravées par Duplessis-Berthault. *A Londres*,

1780, 2 forts vol. in-12, grav. mar bleu, fil. dent. int. tête dor. non rog.

Réimpression de Leclerc. Exemplaire en grand papier vélin, tiré in-8°, auquel on a ajouté aux figures qui se trouvent dans le texte les diverses suites détaillées ci-dessous, et plus de 50 portraits divers de Voltaire, Jeanne d'Arc, etc. — On remarque parmi ces portraits : ceux d'après Latour, gravés par Balechou, Bertonnier, et d'autres du même sans noms de graveurs ; celui de Méhu, gravé par Bonvoisin ; celui d'après Houdon, dessiné par Moreau et gravé par Tardieu, 1784, etc., etc. Ces divers portraits représentent Voltaire à tous les âges; plusieurs sont avant la lettre et fort beaux d'épreuves. — A la fin du tome II, on a ajouté le « Tombeau de Voltaire ». — Deux gravures de Couché en doubles épreuves, avant la lettre et à l'état d'eau-forte, représentant le *Transport des cendres de Voltaire au Panthéon* et le *Couronnement du buste de Voltaire*. — Un portrait de Voltaire dans sa vieillesse, en pied, avant la lettre, daté de 1778.

Suites des figures :

1° Une double suite des vignettes d'après Duplessis-Bertaux, tirées hors texte (tirage moderne), dont une sur peau vélin, montée sur onglets spéciaux. — La première figure est en 3 états avant la lettre.

2° La suite et quelques portraits de Moreau, en triple épreuve, noire, bleue et bistre.

3° La suite de Moreau, édition Renouard.

4° Une suite ancienne de Moreau, petit format, figures retournées.

5° 3 suites de figures anciennes non signées (environ 45 gravures).

6° La suite de Chasselat avant la lettre.

7° La belle suite des gravures de Le Barbier, Marillier, Monnet et Monsiau, de l'édition de *Didot, an III* (1795).

77. Robbé de Beauvezet. Mon Odyssée, ou le Journal de mon retour de Saintonge, poëme, à Chloé. *A la Haye*, 1760, in-8, 4 *figures par Desfriches, gravées par Cochin, et fleuron sur le titre par Boucher, gravé par Chedel*, pet. in-8, demi-rel. mar. r. avec coins, fil. tête dor. non rog.

78. Zélis au bain (par le marquis de Pezay), poëme en dix-huit chants. *Genève, s. d., titre-frontispice par Eisen, gravé par M. Le Mire, avec la date de* 1763; 4 *figures*, 4 *vignettes et* 4 *culs-de-lampe par Eisen, gravés par Aliamet, Lafosse, Le Mire et Longueil.* = Dorat. Lettre de Zeila, jeune sauvage esclave à Constantinople, à Valcour, officier français. *Paris, Sébastien Jorry*, 1764, *une figure, une vignette et un cul-de-lampe par Eisen, gravés par de Longueil.* = Dorat. — Lettre de Barnevelt dans sa prison à Truman, son ami. *Paris, Séb. Jorry*, 1764, *figure, vignette et cul-de-lampe par Eisen, gravés par Longueil.* = Le Pot-pourri, épître à

qui on voudra, suivie d'une autre épître (par le marquis de Pezay). *Paris*, 1764, 2 *figures*, 2 *vignettes et un cul-de-lampe par Eisen, gravés par Le Mire et de Longueil*. Ens. 4 ouvrages en 1 vol. in-8, chagr. bleu, dent. à comp. tr. dor. (*Eenhaes.*)

Exemplaire en GRAND PAPIER DE HOLLANDE.

79. Caquet-Bonbec, la poule à ma tante, poëme badin (par Jonquières). *S. l.*, 1763, plaq. in-8, figure par Gravelot, demi-rel. mar. viol. n. rog. (*Amand.*)

80. Lettre d'Alcibiade à Glycère, bouquetière d'Athènes, suivie d'une lettre de Vénus à Pâris et d'une épître à la maîtresse que j'aurai (par le marquis de Pezay). *Paris*, 1764 (*figure d'Eisen, gravée par Alliamet, 3 vign. et culs-de-lampe par Eisen*). — Lettre du comte de Comminges à sa mère, suivie d'une lettre de Philomèle à Progné (par Dorat). *Paris, Sébastien Jorry*, 1765 (2 *figures*, 2 *vignettes et* 2 *culs-de-lampe par Eisen, gravés par Aliamet et Longueil*). — Lettre de Caïn, après son crime, à Méhala, son épouse (par Costard). *Paris*, 1765 (*gravure d'Eisen*). — Les Dévirgineurs et Combabus, contes en vers, précédés par des réflexions sur le conte et suivis de Floricourt, histoire française. *Amsterdam*, 1765 (2 *figures d'Eisen, gravées par de Longueil*). — Régulus, tragédie (par Dorat). *Paris*, 1766 (*figure, vignette et cul-de-lampe par Eisen, gravés par de Longueil*). Ens. 5 ouvrages réunis en 1 vol. in-8, chagr. bleu, dos orné, dent. à comp. tr. dor. (*Eenhaes.*)

Exemplaire en GRAND PAPIER DE HOLLANDE.

81. Dorat. — La Déclamation théâtrale, poëme didactique, précédé d'un discours. *Paris, Sébastien Jorry*, 1766, *frontispice et* 3 *figures par Eisen, gravés par de Ghendt*, demi-rel. mar. r. avec coins, tête dor. n. rog. (*Exemplaire en papier fort.*)

82. Dorat. — Lettre de Zeila, jeune sauvage esclave à Constantinople, à Valcour, officier français. *A*

Genève, et se trouve à Paris, 1766, *figure, vignette et cul-de-lampe par Eisen, gravés par de Longueil.* — Réponse de Valcour à Zeila. *Paris, Sébastien Jorry*, 1766, *figure, vignette et cul-de-lampe par Eisen, gravés par de Longueil et Aliamet.* — Lettre de Valcour à son père, pour servir de suite et de fin au roman de Zeila. *Paris*, 1765, *figure, vignette et cul-de-lampe par Ch. Eisen, gravés par Simonnet.* Ens. 3 ouvr. réunis en 1 vol. in-8, cart. (*Exemplaires sur papier fort.*)

83. Anthologie françoise, ou chansons choisies depuis le XIIIe siècle jusqu'à présent (par M. Monnet). *Paris*, 1765, 3 vol. pet. in-8, *portrait par Cochin, gravé par Saint-Aubin, et 3 figures par Gravelot, gravées par M. Le Mire*, demi-rel. chagr. viol. avec coins, tête dor. non rog.

84. Les Sens, poëme (par du Rosoi). *A Londres* (*Paris*), 1766, in-8, 7 *figures dont 4 d'Eisen, et 3 de Villé, et 2 culs-de-lampe par Eisen, gravés par de Longueil*, v. rac. dent. tr. dor.

Bel exemplaire en GRAND PAPIER DE HOLLANDE.

85. Lettres en vers et œuvres mêlées de M. D. (Dorat), ci-devant mousquetaire, recueillies par lui-même. *A Paris, chez Sébastien Jorry*, 1767, 2 vol. in-8, v. écail. fil. tr. dor.

Figures et vignettes d'Eisen.

86. La Rose, ou la feste de Salency (par Billardon de Sauvigny). *Paris*, 1768, in-12, *frontispice et vignettes par Moreau et 14 planches de musique gravée*, v. ant. marbr.

Vignette de Greuze, gravée par Moreau.

87. Les Quatre Parties du jour, poëme traduit de l'allemand de M. Zacharie (par Müller, sous le nom de Capitaine). *A Paris, chez J.-B.-G. Musier fils*, 1769, gr. in-8, pap. de Hollande, 5 figures, 4 vignettes et 4 culs-de-lampe par Eisen, gravés par Baquoy, v. rac. dent. tr. dor.

88. Les Graces (par de Querlon). *A Paris, chez Laurent Prault*, 1769, gr. in-8, *titre et figures par Moreau*, mar. r. dent. int. dor. en tête, n. rog. (*Bosquet.*)

Exemplaire en grand papier de Hollande.

89. Les Graces, recueil en prose et en vers, par M. de Querlon. *Paris, chez Nyon l'aîné*, in-8, titre front. de Marillier avec deux figures (une par Eisen, gravée par lui-même avec la date 1778, et l'autre de L. Derrais, gravée par J. Marchant.) v. antiq.

Exemplaire en grand papier fort.

90. Narcisse dans l'Ile de Vénus, poëme en quatre chants (par Malfilâtre). *A Paris, chez Lejay*, 1769, *titre par Eisen, gravé par de Ghendt, et 4 figures par Gabr. de Saint-Aubin, gravées par Massard.* — Dorat. Sélim et Sélima, poëme imité de l'allemand, suivi du Rêve d'un musulman, traduit d'un poëte arabe. *Paris, chez Sébastien Jorry*, 1769, *figure par Eisen, gravée par de Ghendt.* — Le Temple de Gnide, poëme imité de Montesquieu, par M. Léonard. *Paris, chez J.-P. Costard*, 1772. Ens. 3 ouvr. en 1 vol. in-8, v. marbr.

91. Narcisse dans l'isle de Vénus, poëme, par Malfilâtre. *A Paris, chez Lejay, s. d.* (1769), in-8, pap. de Holl. 1 titre par Eisen, gravé par de Ghendt, et 4 figures par Gabr. de saint-Aubin, gravées par Massard, in-8, v. antiq.

92. LES BAISERS, précédés du Mois de mai, poëme, par Dorat. *A la Haye, et se trouve à Paris, chez Lambert et Delalain*, 1770, in-8, *figure par Eisen, gravée par Longueil, 23 vignettes, 1 fleuron sur le titre, 22 culs-de-lampe par Eisen et Marillier*, mar. bleu, dos orné, large dent. sur les plats, dent int. tr. dor. (*Lortic.*)

Bel exemplaire en grand papier de Hollande. Bonnes épreuves.

93. FABLES NOUVELLES, par Dorat. *A la Haye, et se trouve à Paris, chez Delalain*, 1773, 2 tom. en 1 vol. in-8, *front. figures, vignettes et culs-de-lampe par Eisen et Marillier*, mar. bleu ciel, dos orné, large dent. sur les plats, doublé de mar. blanc parsemé de fleurs, avec dent. garde en moire bleue, tr. dor. (*Rel. mod.*)

Bel exemplaire en grand papier de Hollande, avec témoins; mais le tome Ier est de la réimpression.

94. CHOIX DE CHANSONS, mises en musique par M. de la Borde, premier valet de chambre ordinaire du Roi, gouverneur du Louvre. *A Paris, chez de Lormel*, 1773, 4 tom. en 2 vol. gr. in-8, *portrait de M. de Laborde (dit : à la Lyre), figures de Moreau pour le premier volume et figures par Lebarbier, Lebouteux et Saint-Quentin pour les autres volumes, texte et musique notée, gravée par Moria et Mlle Vendome*, mar. vert, dos orné, fil. dent. int. tr. dor. (*Belz-Niedrée.*)

Bel exemplaire.

95. Poésies pastorales, suivies de la Voix de la nature, poëme, des Lettres de Sainville et de Sophie, et d'autres pièces en vers et en prose, *A Genève et à Paris, chez Lejay*, 1771, in-8, *frontispice par C.-P. Marillier, gravé par E. de Ghendt*, demi-rel. bas.

96. Desfontaines. — Les Bains de Diane, ou le Triomphe de l'amour, poëme. *A Paris, chez J. Costard*, 1770, in-8, *titre par Marillier, gravé par de Ghendt, et 3 figures par Marillier, gravées par Massard, N. Ponce et Voyez l'aîné*, mar. r. fil. tr. dor. (*Reliure moderne.*)

97. Les Saisons, poëme, par de Saint-Lambert. *Amsterdam*, 1771, in-8, *fleuron sur le titre et 4 vignettes par Choffard, 5 figures par Leprince et Gravelot, gravées par L. Prévost, N. de Launay, Rousseau et Saint-Aubin*, v. rac. dent.

98. Lettres d'une chanoinesse de Lisbonne à Melcour, officier françois, suivies de l'épître intitulée Ma philosophie et de quelques poésies fugitives. *A la Haye, et se trouve à Paris chez Delalain*, 1771, 2 *figures et vignettes par Eisen et Marillier, gravées par Massard et E. de Ghendt*, in-8, chagr. bleu, dos orné, dent. à comp. tête dor. n. rog.

99. Saint-Lambert. — Les Saisons, poëme. *A Amsterdam*, 1775, in-8, 5 *figures par Moreau et* 4 *vignettes par Choffard*. — L'Abénaki. Sara Th..., Ziméo, contes. *S. l. n. d.* 2 *figures par Moreau*. — Pièces fugitives et fables orientales, gr. in-8, mar. r. dent. int. tr. dor. (*Bosquet.*)

Papier de Hollande.

100. Le Jugement de Pâris, poëme en IV chants, par M. Imbert. *Amsterdam*, 1772, in-8, titre et figures gravés, d'après Moreau le jeune, par Masquelier et Nei, vignettes gravées par Choffard, demi-rel. mar. r. avec coins, fil. tête dor. non rog.

Bel exemplaire en GRAND PAPIER.

101. Le Temple de Gnide, poëme imité de Montesquieu, par M. Léonard. L'Amour vengé. L'Art d'aimer. Phrosine et Mélidore, poëmes, suivis de poésies diverses. *A Paris, chez Dufour*, 1773, 11 *figures par Derrais*, in-8, v. antiq. marbr.

102. Le Temple de Gnide, mis en vers par M. Colardeau. *A Paris, chez Lejay*,. 1773, in-8, *titre gravé et* 7 *figures par Monnet, gravées par Bacquoi, Delaunnay, Helman, Masquelier, Nic. et Ponce,* gr. in-8, maroq. rouge, fil. dent. int. tête dor. n. rog. (*Reliure moderne.*)

103. Historiettes ou Nouvelles en vers, par M. Imbert. *A Amsterdam*, 1774, in-8, titre gravé, figure et 4 vignettes de Moreau gravées par Masquelier et Née, demi-rel. maroq. rouge avec coins, fil. tête dor. n. rog.

104. L'Hôpital des fous, traduit de l'anglais. *Paris, figure, vignette et cul-de-lampe par Eisen.* — Lettre de Pétrarque à Laure. *Paris,* 1765 (*figures de Gravelot*). — Epître à Catherine II, impératrice de toutes les Russies (par Dorat). *Paris,* 1765 (*vignette et culs-de-lampe d'Eisen gravés par de Longueil*). — Lettre du lord Velford à milord Dirton, son oncle, précédée d'une lettre de l'auteur (par Dorat). *Paris,* 1755 (2 *gravures, une vignette et un cul-de-lampe d'Eisen.* — Lettre de l'abbé de Rancé à un ami, écrite de son abbaye de la Trappe, par M. Barthe. *Paris,* 1765 (*figure, vignettes et cul-de-lampe d'Eisen*). — Lettre en vers de Gabrielle de Vergy à la comtesse de Raoul, sœur de Raoul de Coucy, par M. Mailhol. *Paris,* 1766 (*figures et vignettes par Eisen*). 5 ouvrages réunis en 1 vol. gr. in-8, chagrin bleu, dent. à comp. tr. dor. (*Eenhaes.*)

Exemplaires sur papier fort.

105. Idylles, par M. Berquin. *A Paris, chez Renault,* 1775, 2 tomes en 1 vol. in-16, un frontispice, dessiné et gravé par Marillier, et 24 figures, par le même, gravées par Gaucher, de Ghendt, le Gouaz, Delaunay, Lebeau, Masquelier, Née et Ponce, maroq. bleu, dos orné, large dentelle sur les plats, doublé de satin bleu, tête dor. n. rog. (*Bosquet.*)

106. Mélanges de poésies fugitives et de prose sans conséquence, par Mme la comtesse de B*** (Beauharnais). *A Amsterdam, et se trouve à Paris, chez Delalain,* 1776, in-8, titre-frontispice par Marillier, gravé par Née, et 3 figures (par le même), *gravées par Ponce, Lebeau et Godefroy,* demi-rel. maroq. brun, avec coins, fil. tr. rouge.

107. OEuvres de Colardeau, de l'Académie française. *Paris,* 1777, 2 vol. in-8, *Portrait et figures par Monnet,* v. f. fil. tr. dor.

108. Les Mois, poëme en douze chants, par M. Roucher. *Paris, Quillau,* 1779, 2 vol. in-4, 5 *figures*

par Cochin, Marillier et Moreau, gravées par Gaucher, Ponce et Simonnet, v. antiq. marbr.

109. La Peinture, poëme en trois chants, par M. Lemierre. *Paris, chez le Jay, s. d.*, in-8, v. marbr. fil. *titre gravé, avec le portrait de Corneille et 3 figures par Cochin, gravées par Ponce, Prévost et Saint-Aubin.*

110. L'Art d'aimer et poésies diverses de Bernard, édition ornée de sept figures. *Paris, de l'imprimerie de Didot jeune, l'an troisième*, gr. in-8, 3 figures par Martini, gravées par Gaucher, et 4 figures par Eisen, gravées par Baquoy, gr. in-8, v. rac. tr. dor.

Exemplaire en papier fort.

111. Nogaret. Le Fond du sac, ou Restant des babioles de M. X***... etc. *Venise, chez Pantalon Phébus* (*Paris, édition Cazin*), 1780, 2 vol. in-18, frontispice et 8 vignettes gravées, v. écaille fil. tr. dor.

112. Le Fond du sac (par Nogaret), ou Recueil de contes en vers ou en prose et de pièces fugitives. *Paris, Alph. Leclère*, 1866, in-8, jolies vignettes en tête de chaque conte gravées à l'eau-forte, cart. toile perc. grise, n. rog. (*Behrends.*)

Édition tirée à 400 exemplaires.

113. Tangu et Félime, poëme en quatre chants, par M. de la Harpe. *A Paris, chez Pissot* (1780), in-12, *titre et figure par Marillièr*, demi-rel. avec coins mar. bleu tr. dor.

114. Les Plaisirs de l'Amour, ou Recueil de contes, histoires et poëmes galants. *Chez Apollon, au Mont-Parnasse*, 1782, 3 tomes en 1 vol. in-16, *frontispice et* 16 *figures n. sig.* mar. rouge, dos orné, dent. sur les plats et dent. int. tr. dor. (*Bosquet.*)

Les volumes sont interposés ; le tome II est placé le dernier.

115. Triomphe de l'Amour, ou Heures de Cythère. *A Gnide*, 1783, in-8, *figures*, mar. rouge, dent. int. tête dor. n. rog. (*Bosquet.*)

116. Poésies du chevalier de Parny. *A Paris, chez Hardouin et Gattey*, 1788, 2 vol. in-18, *figures*, demi-rel. mar. rouge, n. rog.

117. OEuvres de M. Gresset, de l'Académie françoise. *Londres*, 1780, 2 tomes en 1 vol. in-8, figures, v. antiq.

118. Les Bijoux des Neuf Sœurs. *A Paris, chez Defer de Maisonneuve*, 1790, 2 vol. in-18, *figures de Lebarbier avant la lettre*, mar. rouge, doré en tête. (*Bosquet.*)

119. Contes et Nouvelles imités des anciens, par l'auteur de la nouvelle traduction de Tibulle et des Baisers de Jean Second. *A Tours, an IV*, *figure par Marillier, gravée par Dupréel*, demi-rel. mar. bleu avec coins, dos orné, fil. tête dor. n. rog.

120. Chants et Chansons populaires de la France. *Paris, H.-L. Delloye*, 1843, 3 vol. gr. in-8, cart. percal. bleue.

Titre défectueux et un cahier plus court. Exemplaire non rogné.

III. POÈTES ÉTRANGERS.

121. Le Rime del Petrarca brevemente esposte per Lodovico Castelvetro, edizione corretta, illustrata ed accresciuta. *In Venezia, presso Antonio Zatta*, 1756, 2 vol. in-4, mar. rouge tr. dor. (*Rel. anc.*)

122. Orlando furioso, di messer Ludovico Ariosto, seconda l'edizione del MDXXXII per cura di Ottavio Morali, *Milano, per Giovanni*, 1818, in-4, *portrait double de l'Arioste, par Eisen d'après Titien, et gravé par Fiquet*, demi-rel. avec coins de mar. rouge, fil. dor. en tête, n. rog.

Figures de Cochin et de Monnet, ajoutées. Ces figures sont tirées in-4 et avant la lettre. Édition estimée.

123. Orlando furioso, di Ludovico Ariosto. *Birmingham, Baskerville*, 1773, 4 vol. gr. in-8, *portrait par Eisen, gravé par Ficquet, et 46 figures par Cipriani, Cochin, Eisen, Greuze, Monnet et Moreau, gravées par Bartolozzi, Choffard, Duclos, de Ghendt, Helmann, Henriquez, de Launay, de Longueil, Martin, Massard, Moreau, Ponce, Prévost et Simonnet*, v. antiq. fil. tr. dor. (*Ancienne rel. restaurée.*)

124. Orlando furioso, di Lodovico Ariosto. *Pisa, dalla tipografia della Società Litteraria*, 1809, 5 vol. in-fol. demi-rel. avec coins mar. rouge, fil. dor. en tête, n. rog.

Bel exemplaire auquel sont ajoutés 3 portraits de l'Arioste, une suite complète de 92 figures par Cochin et Moreau, gravées par Delaunay et Ponce, etc., remontées in-fol.

125. LA GERUSALEMME LIBERATA, di Torquato Tasso. *Parma, nel real Palazzo, co' tipi Bodoniani*, 1784, 3 vol. in-fol. gravures, chagr. r. large dent. sur les plats et dent. int. tête dor. non rog.

Exemplaire de l'édition en 3 vol. in-fol. à 2 octaves par page, qu'on a orné de portraits, gravures, culs-de-lampe et lettres ornées. Les portraits y sont au nombre de 15; quelques-uns sont tirés ou montés sur chine, d'autres sont avant la lettre ou avant le nom des artistes. — Après chaque livre se trouve une feuille contenant des lettres ornées, des petites vignettes, etc., extraites des diverses éditions qui ont servi à illustrer cet exemplaire. — Outre les suites des figures que nous détaillerons ci-dessous, on remarque, dans le tome Ier, une grande planche d'après Raphaël, représentant Alexandre faisant placer les œuvres d'Homère dans une cassette d'or pour les conserver, et une gravure d'après Ducis, montée sur chine, représentant le Tasse lisant son poëme à Léonor. — Dans le tome III, *Renaud et Armide*, quatre gravures; la première dessinée par Borel, gravée par Delignon (de la galerie du duc d'Orléans); la seconde d'après le Dominiquin, gravée par Coutelle; la troisième, avant toute lettre, sur chine, et la quatrième d'après Coypel, gravée par Goullain. — *Tancrède secouru par Herminie* d'après Lagrenée.

Suites des gravures :

1° La suite des gravures d'Aug. Carrache et de Jacques Franco de l'édition de *Genova, Bartoli*, 1590. (Les gravures des chants IV et V sont différentes.)

2° Les frontispices et les gravures de B. Castello, de l'édition de *Genova*, 1617.

3° 20 gravures de Tempesta.

4° La suite des vignettes d'Ant. Novelli, avec les frontispices et titres, de l'édition de *Venize*, 1760.

5° Les frontispices, gravures, culs-de-lampe et portraits historiés de Gravelot, pour l'édition italienne de Delalain, 1771. (Cette belle suite est montée sur chine.)

6° Le frontispice et les 40 belles gravures de Cochin, de l'édition de Didot, 1784. — Épreuves du 1er tirage avec la lettre en italien. — On a ajouté à cette superbe suite 4 des gravures de Cochin, AVANT LA LETTRE; ces gravures sont dans le tome II.

A la fin de l'ouvrage se trouvent des pièces de différents auteurs italiens, montées à claire-voie.

126. La Gerusalemme liberata di Torquato Tasso. *Firenze, presso Giovanni Marenigh*, 1820, 2 vol. in-fol. *portraits et une figure pour chaque chant*, cart. n. rog.

Exemplaire sur GRAND PAPIER VÉLIN. Fig. de R. Morghen.

127. Jérusalem délivrée, poëme du Tasse, nouvelle traduction. *Paris, Musier fils*, 1774, 2 vol. gr. in-8, 2 *frontispices avec les portraits du Tasse et de Gravelot*, 20 *figures*, 9 *grands culs-de-lampe et* 14 *petits culs-de-lampe à la fin des chants et* 20 *vignettes, le tout par Gravelot, gravé par Buquoy, Duclos, Nic. Ponce, Patel, Leroy*, etc., v. écail. fil. tr. dor.

128. La Secchia rapita, poema eroi-comico, di Alessandro Tassoni. *In Parigi, appresso Lorenzo Prault e Pietro Durand*, 1766, 2 vol. gr. in-8, 2 *titres gravés, chacun avec un fleuron différent, frontispices, portrait en médaillon, par Gravelot, gravé par Leroy*, 12 *figures par Gravelot, gravées par Duclos, Née, Pasquier, Rousseau et Simonnet, entêtes et culs-de-lampe*, v. fauve antiq. tr. marbr.

129. Ricciardetto, poema di Niccolo Forteguerri. *Londra*, 1780, 3 vol. pet. in-8. *Portrait, titres gravés et figures*, v. antiq. fil.

130. Bertoldo con Bertoldino e Cacasenno in ottava rima con argomenti, allegorie, annotazioni e figure in rame. *In Bologna, nella stamperia di Lelio dalla Volpe*, 1736, in-4, vélin blanc.

Figures à chaque chant.

131. Scherzi poetici e pittorici. *S. l. n. d.*, gr. in-8,

40 *gravures au trait*, demi-rel. mar. rouge avec coins, dos à la Padeloup, fil. tête dor. n. rogné.
Exemplaire en grand papier.

132. Essai sur l'homme, par M. Alexandre Pope, traduction françoise en prose, par M. S***, nouvelle édition, avec l'original anglois, ornée de figures en taille-douce. *A Lausanne et à Genève*, 1745, in-4, v. antiq. marbr.

133. Les Saisons, poëme, traduit de l'anglois de Thompson. *A Paris, chez Pissot et Nyon l'aîné*, in-8, frontispice, 4 figures et 4 culs-de-lampe *par Eisen, gravés par Baquoy*, demi-rel. avec coins mar. rouge, dos orné, fil. tr. dor.

134. La Lusiade de Louis Camoens, poëme héroïque en dix chants, nouvellement traduit du portugais avec des notes et la vie de l'auteur, enrichie de figures à chaque chant. *A Paris, chez Nyon aîné*, 1776, 2 vol. in-8, v. éc. fil.

135. La Luciade de Louis Camoëns, poëme héroïque en dix chants, nouvellement traduit du portugais, avec des notes et la vie de l'auteur. *A Paris, chez Nyon aîné*, 1776, 2 vol. in-8, *avec 10 figures*, v. éc. fil. tr. marbr.

136. Musarion, ou la Philosophie des Grâces, poëme en trois chants, de Wieland, traduit de l'allemand par M. de Laveaux. *A Basle, chez J.-Jacques Thurneysen*, 1780, in-8, br. *figures et culs-de-lampe par Saint-Quentin.*

137. Musarion, ou la Philosophie des Grâces, poëme en trois chants, de Wieland, traduit de l'allemand par M. de Laveaux. *A Basle*, 1780, gr. in-8, *frontispice, 3 figures et 3 culs-de-lampe dessinés par Saint-Quentin et gravés par R. Holzhall*, demi-rel. maroq. rouge avec coins, fil. tr. dor. n. rog.

VI. THÉATRE.

138. Théâtre de Pierre Corneille, avec des commentaires (par Voltaire). *Genève*, 1764, 12 vol. in-8, cart. tête dor. n. rog. (*Figures de Gravelot.*)

139. Théâtre de P. Corneille, avec des commentaires et des morceaux intéressants (par Voltaire). *Genève*, 1784, 8 vol. in-4, *figures de Gravelot*, v. antiq. marbr. fil.

140. Œuvres de P. Corneille, avec les commentaires de Voltaire. *Paris, Ant.-Aug. Renouard*, 1817, *portraits et figures de Moreau le jeune*, 12 vol. in-8, v. rac. dent. tr. dor.

141. OEUVRES DE MOLIÈRE, nouvelle édition. *Paris*, 1734, 6 vol. gr. in-4, *portrait de Molière par Coypel, gravé par Leprince, fleuron sur le titre qui sert pour celui de chaque volume, figures et vignettes par Boucher*, maroq. bleu, dos orné, fil. dent. int. tr. dor. (*Petit, succ. de Simier.*)

Exemplaire de 1er tirage.

142. OEuvres de Molière. *A Amsterdam et à Leipzig, chez Arkstée et Merkus*, 1750, 4 vol. in-16. *fleurons sur les titres et portraits et figures par J. de Punt*, v. brun.

143. OEuvres de Molière, avec des remarques grammaticales, des avertissements et des observations sur chaque pièce, par M. Bret. *Paris, par la Compagnie des libraires associés*, 1788, 6 vol. in-8, *portrait par Mignard, gravé par L. Cathelin, fleurons sur les titres et figures de Moreau le jeune*, v. rac. fil. tr. dor.

144. OEuvres de Molière, avec des remarques grammaticales, des avertissements et des observations sur chaque pièce, par M. Bret. *Paris, par la Compagnie des libraires associés*, 1788, 6 vol. in-8,

portrait par Mignard, gravé par L. Cathelin, fleurons sur les titres et figures de Moreau le jeune, v. rac. tr. jasp.

145. OEuvres complètes de Molière, avec les notes de tous les commentateurs, édition publiée par L. Aimé-Martin. *Paris, Lefèvre,* 1824, 8 vol. in-8, figures de Desenne, demi-rel. mar. rouge, fil.

Exemplaire en PAPIER CAVALIER VÉLIN, avec 1 portrait gravé par Taurel. On a ajouté à cet exemplaire 16 portraits de Molière et la suite des 34 figures in-18, réduction d'après Boucher, gravées par Punt; tirage sur chine.

146. OEUVRES COMPLÈTES DE MOLIÈRE. Nouvelle édition, collationnée sur les textes originaux, avec leurs variantes, précédée de l'histoire de sa vie et de ses ouvrages, par M. J. Taschereau. *Paris, Furne et Cie,* 1863, 6 volumes, in-8 dos et coins de mar. r. dos orné, fil. tête dor. non rog.

Un des cent exemplaires en grand papier (no 80), qu'on a orné de portraits et de diverses suites de gravures. — Les portraits y sont au nombre de 54, parmi lesquels on remarque celui de Coypel, gravé par Ficquet, et le même, gravé par Pourvoyeur sur papier de Chine; celui de Mignard, gravé par Cathelin avant la lettre, et une autre épreuve du même sur chine avant la lettre. Plusieurs autres sont sur chine ou sur papier blanc, quelques-uns avant la lettre ou avant le nom des artistes. — Le portrait de Mme Molière et la généalogie de Molière ont été ajoutés dans le tome Ier.

Suites des figures :

1° Le frontispice et les 33 figures d'après Boucher, gravés par Punt, pour l'édition de 1738 et 1739.

2° La même suite, gravée par Legrand (32 fig.).

3° La même suite, publiée par Leclercq, gravée à l'eau-forte par Boilvin, Le Rat, Massard, etc.

4° Les 21 gravures de Geffroy et Wolff en doubles épreuves noires et coloriées.

5° 33 figures de Moreau, pour l'édition de Bret; tirage moderne sur papier teinté à l'antique, épreuves avant la lettre.

6° La même suite, tirée sur papier de Chine avant la lettre.

7° La même suite; tirage plus ancien que pour les précédentes; les figures, plus petites, ne portent pas le nom des artistes (32 fig.).

8° 30 gravures de Moreau, publiées par Renouard en doubles épreuves, sur papier blanc et sur papier de Chine. — La figure d'Amphitryon est celle gravée par Roger. (Très-belle suite.)

9° La suite des figures de Desenne, sur papier de Chine, et quelques-unes des figures de la même suite, publiée par Furne. — En tout environ 27 pièces.

10° 9 gravures d'après Vernet, Hersent, etc., sur papier de Chine.

11° Environ 11 gravures de Staal, pour l'édition de *Garnier.*

On a ajouté à la fin de chaque volume des fleurons de l'édition de Bret et ceux de Punt.

147. Le Théatre de Jean-Baptiste Poquelin de Molière, orné de vignettes gravées à l'eau-forte, d'après les compositions de différents artistes, par Frédéric Hillemacher. *Lyon, Nicolas Scheuring,* 1864-1870, 8 vol. in-8, mar. vert foncé, dos orné, dent. orn. à froid, est. sur les plats, doré en tête, n. rog. (*avec la cérémonie*).

148. Molière et la Comédie italienne, par L. Moland, ouvrage illustré de vingt vignettes. *Paris, Didier,* 1867, gr. in-8, demi-rel. mar. vert, tête d'or. n. rog.

149. Bibliographie moliéresque, par P. Lacroix. *Turin, J. Gay et fils,* 1872, in-8, mar. vert, dos orné, dent. orn. à froid sur les plats, doré en tête, n. rog.

150. Galerie historique des comédiens de la troupe de Molière gravée à l'eau-forte, sur des documents authentiques, par Frédéric Hillemacher, avec des détails biographiques succincts, relatifs à chacun d'eux. *Lyon, Nic. Scheuring,* 1869, in-8, mar. vert, dos orné, dent. orn. à froid sur les plats, doré en tête, n. rog.

151. Galerie historique des portraits des comédiens de la troupe de Voltaire, gravés à l'eau-forte, sur des documents authentiques, par Frédéric Hillemacher, avec des détails biographiques inédits, recueillis sur chacun d'eux par E.-D. de Manne. *Lyon, N. Scheuring,* 1861, in-8, mar. r. dos orné, dent. orn. à froid sur les plats, doré en tête, n. rog.

152. Galerie historique des comédiens de la troupe de Nicolet, notices sur certains acteurs et mimes qui se sont fait un nom dans les annales des scènes secondaires depuis 1760 jusqu'à nos jours, par E.-D. de Manne et C. Ménétrier, avec des portraits gravés à l'eau-forte par Frédéric Hillemacher. *Lyon, N. Scheuring,* 1869, in-8, mar. r. dos orné, dent. orn. à froid sur les plats, doré en tête, n. rog.

153. Galerie historique des comédiens de la troupe de Talma, notices sur les principaux sociétaires de la Comédie-Française, depuis 1789 jusqu'au trente premières années de ce siècle, par E.-D. de Manne, avec des portraits gravés à l'eau-forte par Frédéric Hillemacher. *Lyon, N. Scheuring,* 1866, in-8, mar. r. dos orné, dent et orn. à froid sur les plats, doré en tête, n. rog.

154. OEuvres de Racine. *A Londres, de l'impr. de J. Tonson et J. Watts,* 1723, 2 vol. in-4, *portrait par Vertue, frontispice et figures par Chéron, gravés par Dubosc, Foudrinier et Van der Gucht,* vél. blanc.

155. OEuvres de Racine. *Paris,* 1760, 3 vol. in-4, *portrait de Racine par Daullé, 3 fleurons sur les titres par de Sève, gravés par Chevillet, 12 figures par de Sève, gravées par Aliamet, Flipart, Lemire, Lempereur, Sarnique et Tardieu, avec vignettes et culs-de-lampe* (par les mêmes), mar. r. dent. tr. dor.

156. OEuvres complètes de Jean Racine. *A Paris, de l'imprimerie de Didot jeune et chez Déterville,* 1796, 4 vol. gr. in-8, *portrait de Racine par Santerre, gravé par Gaucher, et 12 figures par Lebarbier, gravées par Baquoy, Dambrun, Dupréel, Halbou, etc.,* mar. r. fil. tr. dor. (*Rel. anc.*)

Exemplaire en grand papier vélin. Le portrait et les figures sont *avant la lettre.*

157. THÉATRE COMPLET DE JEAN RACINE. — *A Parme, de l'imprimerie Bodoni,* 1813, 3 vol. gr. in-fol. pap. vél. gravures, dos et coins de mar. r. dos orné, fil. n. rog.

Exemplaire monté sur onglets et orné de diverses suites de gravures, savoir :

1° Le frontispice et les 56 figures de Chaudet, Gérard, Girodet, etc., pour l'édition de *Didot l'aîné, an IX,* 1801.

2° 5 gravures de la même suite, avant la lettre, dont une pour *les Plaideurs* à l'état d'eau-forte ; réduites pour l'édition in-8°.

3° 24 gravures de Moreau, pour les éditions de *Raymond et Ménard* et *Renouard.*

4° 9 figures de Gravelot.
5° 7 figures par Garnier.
6° Suite complète de Le Barbier.
7° 5 gravures par Choquet.
Chacun des volumes contient, en outre :

Le tome Ier : 15 portraits de Racine, quelques-uns avec des encadrements factices. — Frontispice de Cochin, 2 épreuves différentes, dont une avant la lettre. — Fac-simile de l'écriture de Racine. — *Port-Royal des Champs*, vignette de Choffard. — Portrait d'Arnauld. — *Triomphe du goût*, par Cochin. — *Le Tombeau de Racine*, gravure avant la lettre. — Une gravure de Bouillon pour *la Thébaïde*, 4 épreuves différentes, 3 avant la lettre, dont 2 sur chine. — *Andromaque*, figure en couleur. — Une gravure de Devéria, avant la lettre, pour *Andromaque*. — Gravure de Monnet pour *Andromaque*, 3 épreuves différentes, 2 avant la lettre, dont une sur chine. — *Les Plaideurs*, figure coloriée.

Le tome II : frontispice. — 15 portraits de Racine, dont 2 gravés par Edelinck, un avant le nom de l'artiste et l'autre avant toute lettre. Quelques-uns de ces portraits ont un encadrement factice. — *Mort de Britannicus*, gravé par Masson.

Le tome III : 13 portraits différents de Racine (celui gravé par Pannier d'après Edelinck, ornementé, et celui de Choquet avant la lettre). — Portrait de Louis Racine. — Vase du sacrifice d'Iphigénie. — *Le Sacrifice d'Iphigénie*, 3 gravures de Moreau : la première, gravée par Delvaux, avant la lettre; la seconde, gravée par Le Mire, et la troisième à l'état d'eau-forte. — *Phèdre et Hippolyte* d'après Guérin, gravé par Duplessis-Bertaux, 2 épreuves, dont une avant la lettre. La même gravure, réduite, gravée par Delvaux, 4 épreuves, dont 2 avant la lettre. — *Mort d'Hippolyte* d'après Stothard, gravé par Taylor, sur chine, avant la lettre. — *Esther*, figure coloriée. La même, par Staal, avant la lettre. La même, par Devéria, sur chine, avant la lettre. — 2 vignettes de Martin, pour *Esther*. — *Athalie*, gravure de Devéria, avant la lettre.

158. OEuvres de Regnard. *Paris, chez Maradan*, 1790, 4 vol. gr. in-8, *portrait et figures par Bore. et Bornet*, demi-rel. mar. r. avec coins, dos orné, fil. tête dor. n. rog.

159. OEuvres de M. Destouches, de l'Académie françoise. *Amsterdam et à Leipzig, chez Arkstée et Merkus*, 1755, 5 vol. in-12, *portrait gravé par Fokke, fleuron servant pour les titres des quatre premiers volumes par de Punt et figures par Aartman, gravées par Fritsch*, v. antiq.

160. OEuvres complettes de Crébillon, nouvelle édition, augmentée et ornée de belles gravures. *A Paris, chez les libraires associés*, 1785, 3 vol. in-8, *portrait de Crébillon par Marillier, d'après celui peint par de la Tour et gravé par Ingouf jeune et 9 figures par Marillier, gravées par Dam-*

brun, Duponchel, Ingouf jeune, Mairet et Trière, épreuves avant la lettre, v. écail. fil. tr. marbr.

161. OEuvres de Crébillon. *Londres (Cazin),* 1785, 3 vol. in-18, portrait de l'auteur gravé par Delvaux, v. antiq. fil. tr. dor.

162. OEUVRES DE CRÉBILLON, nouvelle édition. *De l'imprimerie de Didot jeune. A Paris, chez Desray, an VII,* 2 vol. in-8, gravures, mar. r. fil. à froid et fleurons sur les plats, dent. int. tr. dor.

Exemplaire en grand papier vélin. — Légères mouillures dans les marges. — Outre le portrait et les 9 gravures de Peyron, qui appartienent à l'édition, notre exemplaire est encore orné de diverses suites de gravures, savoir :

1° Le portrait et les 9 gravures de Peyron, épreuves AVANT LA LETTRE.

2° Le portrait et 7 gravures de la même suite, à l'état d'EAUX-FORTES.

3° Le portrait et la suite des figures de Moreau AVANT LA LETTRE, sauf deux, qui sont avec la lettre.

4° La double suite du portrait et des 9 figures de Monnet, avant et avec la lettre.

On a encore ajouté à l'exemplaire : le portrait de Crébillon, par Aved, gravé par Ficquet; le même portrait, tirage moderne avant le nom des artistes, et une gravure pour *Rhadamisthe et Zénobie.* — Ces deux portraits et la double suite de Monnet sont remontés avec soin.

163. OEuvres de M. Vadé, ou recueil des opéras comiques, parodies et pièces fugitives de cet auteur avec les airs, rondes et vaudevilles notés. *A Paris, chez N.-B. Duchesne,* 1758, 4 vol. in-8, *portrait de Vadé, par Richard, gravé par Friquet,* v. antiq. marbr.

164. Nanine, sœur de lait de la reine de Golconde; parodie, par imitation, sur les plus jolis airs connus. *A Genève et se trouve à Paris, chez la veuve Duchesne,* 1768, *figure par Martinet et musique notée,* in-8, demi-rel. avec coins, fil. doré en tête, n. rog.

165. L'Amitié à l'épreuve, comédie en deux actes, mêlée d'ariettes, tirée des Contes moraux de M. Marmontel. *Paris, chez la veuve Duchesne,* 1771, plaq. in-8 de 72 pages, *figure par Gravelot, gravée par Simonnet,* demi-cart. percal. n. rog.

166. Fayel, tragédie par M. d'Arnaud. *Paris, Delalain,* 1778, *figure d'Eisen, gravée par de Longueil.*

— Mérinval, drame. *S. l. n. d., figure d'Eisen, gravée par de Longueil.* Ens. 2 ouvr. en 1 vol. in-8, v. marbr.

167. La Folle Journée, ou le Mariage de Figaro, comédie en cinq actes, en prose, par M. de Beaumarchais. *Au Palais-Royal, chez Ruault*, 1785, 5 figures par Saint-Quentin, gravées par Malapeau et Roy, mar. r. dos orné, fil. dent. int. tr. dor. (*R. Petit.*)

Premières épreuves des figures; la planche du 5e acte est *avant le fichu.*

168. Théâtre du monde, par M. Richer. *Paris*, 1788, 4 vol. in-8, 20 *figures par Marillier et Moreau, gravées par Helman, E. de Ghendt, Lebeau, de Lignon, Maillet, Langlois, Baquoy et de Longueil*, mar. rac. tr. marbr.

169. Feu Séraphin, histoire de ce spectacle depuis son origine jusqu'à sa disparition (1776-1870). *Lyon, N. Scheuring*, 1875, in-8, v. r. dos orné, dent. orn. à froid sur les plats, doré en tête, n. rog.

170. Opere del signor abate Pietro Metastasio. *In Parigi, presso la vedova Hérissant*, 1780-82, 12 vol. in-8, pap. fort, *portrait et figures*, maroq. rouge fil. tr. dor. (*Rel. anc.*)

171. Opere del signor abate Pietro Metastasio. *In Parigi*, 1780-82, 12 vol. — Œuvres posthumes, 3 vol. — Ens. 15 vol. in-4, *portrait par Steiner, gravé par Gaucher, et* 35 *figures par Cipriani Cochin, Delvaux, Martini et Moreau*, v. marbr.

V. ROMANS.

172. LES AMOURS PASTORALES de Daphnis et Chloé. *S. l.*, 1718, *frontispice par Coypel*, 28 *fig. du Régent, avec la gravure dite des Petits Pieds*, mar. r. fil. tr. dor. (*Rel. anc.*)

Premier tirage.

173. LES AMOURS PASTORALES DE DAPHNIS ET DE CHLOÉ, par Longus. — Double traduction du grec en françois, de M. Amyot et d'un anonyme, mises en parallèle. *A Paris, imprimées pour les curieux*, 1757. In-4, texte encadré, vignettes et gravures, mar. bleu, dos orné de mosaïques de mar. blanc, large dent. de mar. blanc sur les plats, dent. int. gardes de moire blanche, tr. dor.

Édition ornée des figures d'après le Régent, gravées par Audran, des vignettes d'Eisen et des culs de-lampe de Cochin, gravés par Fokke. Bel exemplaire, auquel on a ajouté : la suite des figures gravées par Vidal, avec la figure dite aux *Petits-Pieds*, et les 6 gravures in-8° d'après Gérard, Albrier, etc.; ces 6 gravures sont à l'état d'EAUX-FORTES ; 4 d'entre elles ont une double épreuve avant la lettre.

Le volume est renfermé dans un double étui.

174. Les Amours pastorales de Daphnis et Chloé. *S. l.*, 1745, in-12, *frontispice de* 1718 *et figures du Régent, gravées par Audran, avec la figure* dite *des Petits Pieds*, mar. r. dent. tr. dor. (*Reliure ancienne.*)

175. Gli Amori pastorali di Dafni e di Cloe, di Longo sofista, tradotti dalla lingua greca nella nostra toscana dal commendatore Annibal Caro. *Crisopoli*, 1786, in-4, mar. bleu, dos orné, dent. à comp. et dent. int. doré en tête, n. rog.

Exemplaire auquel on a ajouté les suites des figures du Régent, gravées par Audran; tirage encadré et remonté in-4°, ainsi que les figures de Prudhon et Gérard, SUR CHINE ET AVANT LA LETTRE.

176. L'Éloge de la Folie, composé en forme de déclamation par Érasme et traduit par M. Gueudeville, avec les notes de Gérard Listre et les belles figures de Holbein. *Amsterdam, chez François l'Honoré*, 1731, in-12, demi-rel. mar. brun, plats toiles, tr. dor. (*Rel. mod.*)

177. Éloge de la Folie, nouvellement traduit du latin d'Erasme par M. de Laveaux avec les figures de Jean Holbein, gravées d'après les dessins originaux. *A Basle*, 1780, in-8, demi-rel. v. antiq.

178. Les Cent Nouvelles nouvelles. Suivent les cent nouvelles contenant les cent histoires nouveaux (*sic*)

qui sont moult plaisans à raconter en toutes bonnes compagnies par manière de joyeuseté. *A Cologne, chez Pierre Gaillard*, 1701, 2 vol. in-12, *frontispice par Romain de Hooge, gravé par G. Vender Gouwen, et* 100 *figures à mi-pages et un cul-de-lampe par les mêmes*, veau vert tr. marbr. (*Ducastin.*)

179. Les dix dizaines des Cent Nouvelles nouvelles, réimprimées par les soins de D. Jouaust, avec notices, notes, et glossaire, dessins gravés de Jules Garnier. *Paris, libr. des Bibliophiles*, 1874, 3 vol. gr. in-8, *avec les* 2 *suites des figures avant et avec la lettre*, mar. r. fil. à comp. dent. int. tête dor. n. rog. (*Eenhaes.*)

Exemplaire en grand papier de Hollande.

180. OEuvres de maitre François Rabelais avec des remarques historiques et critiques de M. Le Duchat, nouvelle édition, ornée de figures de Bernard Picart. *A Amsterdam, chez Jean-Frédéric Bernard*, 1741, 3 vol. in-4, *frontispice dessiné et gravé par Folkéma, titre gravé par Bernard Picart, fleuron sur les titres, portrait de Rabelais gravé par Tangé, avec la date de* 1739, *vignettes et culs-de-lampe par B. Picart et figures par Dubourg, gravées par Bernaert, Folkéma et Tangé*, mar. citron, dos orné, comp. à la Duseuil, dent. int. tr. dor. (*Chambolle-Duru.*)

Bel exemplaire.

181. Les Songes drôlatiques de Pantagruel, reproduction fac-simile du texte et des 120 planches de l'édition originale. *Genève, chez J. Gay et fils*, 1868, gr. in-8, demi-rel. mar. bleu avec coins, dos orné, fil. tête dor. n. rog.

182. Contes et nouvelles de Marguerite de Valois, reine de Navarre. *Amsterdam, chez Georges Gallet*, 1708, 2 vol. in-12, gravures de Romain de Hooge, mar. r. dos orné, dent. à comp. dent. int. tr. dor. (*Rel. mod.*)

183. HEPTAMÉRON FRANÇAIS. — Les Nouvelles de Marguerite, reine de Navarre. *Berne*, 1780; 3 *frontispices, figures par Freudenberg, vignettes et culs-de-lampe par Dunker*, mar. vert, dos orné, dent. sur les plats, doublé de mar. vert foncé fleurdelisé, avec dent. gardes en soie verte, tr. dor.

Reliure moderne dans des étuis.

184. LES SEPT JOURNÉES DE LA REINE DE NAVARRE, suivies de la huitième. — Notice et notes par Paul Lacroix. — Index et glossaire. — *Paris, Jouaust*, 1872, 3 vol. in-8, gravures, mar. bleu, semé de marguerites et de fleurs de lis, dos orné, fil. à comp. dent. int. gardes de moire bleue, tête dor. n. rog.

Exemplaire de S. E. M. de Zelaziewitch, sur papier de Hollande (nº 40), avec la double suite des eaux-fortes de Flameng avant et avec la lettre. On a ajouté, en outre, les titres, le frontispice et les 72 figures de Freudenberg, de l'édition de *Berne*, 1780-81, la suite des 72 figures et du frontispice de Freudenberg, gravés par Jourdan, contrefaçon de la précédente, et une gravure anglaise en tête du tome Ier.

Ces suites ne sont pas remontées; chaque volume est renfermé dans un double étui.

185. LE ROMAN COMIQUE par Scarron, édition ornée de figures dessinées par Le Barbier et gravées sous sa direction. *A Paris, de l'imprimerie de Didot jeune, l'an IV*, 3 vol. gr. in-8, mar. r. tête dor. n. rog. (*Bosquet.*)

186. Les Avantures de Télémaque, fils d'Ulysse, par feu messire François de Salignac de la Mothe Fénelon. *A Amsterdam et à Rotterdam*, 1734, in-4, *frontispice par Picart, gravé par Folkéma, fleuron sur le titre par L. F. D. B.* (Dubourg), *gravé par Tanjé, portrait de Fénelon par Vivien, gravé par Drevet*, 24 *figures par Debrie, Dubourg et Picart, gravés par Bernard, Folkéma, V. Gunot et Surugues*, 24 *vignettes par Dubourg, gravées par Duflos, Folkéma et Tanjé, et* 21 *culs-de-lampe par Debrie et Dubourg, gravés par Duflos et Schenk*,

mar. r. fil. à comp. dent. int. tr. dor. (*Reliure moderne.*)

187. Les Aventures de Télémaque, fils d'Ulysse, par M. de Fénelon, gravées d'après les dessins de Charles Monnet, peintre du Roy, par Jean-Baptiste Tilliard. *A Paris, chez l'auteur*, 1773, 2 vol. in-4, v. antiq. dent. à comp. n. rog.

188. LES AVENTURES DE TÉLÉMAQUE, fils d'Ulysse, par M. de Fénelon. — *A Parme, de l'imprimerie de Bodoni,* 1812, 2 tom. en 3 vol. gr. in-fol. pap. vél. gravures, mar. r. dos orné, large dent. et ornem. sur les plats, dent. int. tête dor. ébarbé.

Bel exemplaire orné de près de 300 gravures, parmi lesquelles se trouvent 17 portraits différents de Fénelon. Chaque volume est renfermé dans un double étui. Voici la liste des diverses suites dont cet exemplaire est enrichi :

1° La suite d'après Monnet, gravée par Tilliard. 72 figures, 24 planches avec le texte des sommaires des chants, gravées et ornées de culs-de-lampe, et un frontispice gravé par Montulay.

2° Le titre avec le fleuron de Dubourg, le frontispice de Picart et les 24 gravures de Dubourg, Debric et Picart, pour l'édition d'*Amsterdam, Wetstein*, 1761.

3° La suite des 24 gravures de Coypel, Souville, etc., avec le frontispice et la carte.

4° 24 figures de Manceau en doubles épreuves, sur chine et sur papier ordinaire.

5° La suite des 24 gravures in-18 de Queverdo.

6° 24 gravures de Moreau, publiées par Renouard.

7° 24 gravures in-8° de Monnet.

8° 1 gravure de Desenne : *Fénelon et le Dauphin.*

189. LES AMOURS DE PSYCHÉ ET DE CUPIDON avec le poëme d'Adonis, par la Fontaine. *A Paris, de l'imprimerie de Didot le jeune, l'an troisième*, in-4, pap. vél. *portrait d'après Rigault, gravé par Audouin, et 8 figures par Moreau, gravées par Dambrun, Duhamel, Dupréel, de Ghendt, Halbon, Petit et Simonnet*, mar. r. dos orné, fil. à comp. dent. int. tr. dor. (*Chambolle-Duru.*)

Bel exemplaire, avec les figures *avant la lettre* et les *eaux-fortes.*

190. Les Amours de Psyché et de Cupidon, par J. de la Fontaine. *Paris, chez Fr. Dufart*, 1793, in-12, *figures*, demi-rel. v. rose, doré en tête, n. rog.

191. LES AMOURS DE PSYCHÉ ET DE CUPIDON, suivies d'Adonis, poëme, par Jean de la Fontaine. Edition ornée de gravures d'après les dessins de Gérard, peintre. *A Paris, imprimé au Louvre par P. Didot l'aîné*, 1797, in-4, pap. vél. gravures, mar. r. dos orné, large dent. sur les plats et dent. int. tête dor. non rog.

Outre les 5 gravures qui accompagnent cette édition, et dont 4 sont avant la lettre, notre exemplaire renferme : 15 portraits différents de la Fontaine. — Le tombeau de la Fontaine. — La Fontaine lisant son poëme à Mme de la Sablière, par Devéria. — La suite des 32 gravures d'après Raphaël, épreuves anciennes. — La suite des 8 gravures de Moreau, réduction de l'édition in-4°. — 2 gravures de Devéria, avant la lettre. — 2 gravures de Desenne, avant la lettre. — 4 gravures de Desenne avec un encadrement en couleur. — *Psyché abandonnée*, par Moreau, 2 épreuves sur chine. — *Psyché traversant un torrent*, gravure de Moreau sur chine. — *Psyché* d'après Jules Romain, gravée par B. Picart.

Toutes ces gravures sont montées sur onglets. La reliure est très-fraîche ; l'ouvrage est renfermé dans un double étui.

192. Mémoires du comte de Grammont, par Antoine Hamilton, nouvelle édition en 2 volumes, précédée d'une notice biographique sur le comte Hamilton et enrichie de soixante-quatre portraits gravés par Edouard Scriven. *Londres*, 1811, 2 vol. in-8, v. antiq. tr. dor. (*Reliure anglaise.*)

193. Histoire de Gil Blas de Santillane, par Le Sage. *A Paris, chez Janet et Hubert, l'an troisième*, 1795, 4 vol. in-8, 100 figures par Bornet, Charpentier et Duplessis-Bertaux, gravées sous la direction de Hubert, demi-rel. mar. r. avec coins tête dor. n. rog.

194. Histoire de Gil Blas de Santillane, par Le Sage. *A Londres, Longman, Huret, Recs et Orme*, 1809, 4 vol. in-4, *figures par R. Smirke, gravées par C. Warren*, etc., v. antiq. fil. tr. marbr. (*Reliure anglaise.*)

Figures sur chine, lettres grises.

195. HISTOIRE DE GIL BLAS DE SANTILLANE, par Le Sage, avec des notes historiques et littéraires par M. le comte François de Neufchâteau, *A Paris, chez Lefèvre*, 1825, 3 vol. in-8, gra-

vures, mar. r. dos orné, trois filets, dent. int. tr. dor. (*Chambolle-Duru.*)

Superbe exemplaire en très-grand papier vélin, orné de jolies suites de figures. Le portrait de l'édition, gravé par Roger, est avant la lettre; la carte de Barbié du Bocage se trouve à la fin du tome III. On a placé au commencement du tome Ier 4 portraits de Le Sage, savoir : celui de Devéria sur chine, celui d'après l'Argillière, gravé par Ferdinand, sur chine avant la lettre, celui gravé par Lingée, avant la lettre, et un portrait en double épreuve.

Les suites de figures sont :

1° La suite des 100 figures de Bornet, Charpentier et Duplessis-Bertaux, gravées sous la direction de Hubert. Bonnes épreuves.

2° 4 gravures de Marillier, gravées par Longueil et autres.

3° La suite des 28 figures de Monnet, ÉPREUVES AVANT LA LETTRE.

4° La suite des 24 gravures in-8° de Smirke, publiées en 1809. — Lettres grises, légende en anglais et en français. ÉPREUVES SUR CHINE.

5° Les 60 gravures in-8° dites : *Suite anglaise.* ÉPREUVES AVANT LA LETTRE.

6° La suite des 9 gravures in-8° de Desenne et Smirke. ÉPREUVES SUR CHINE AVANT LA LETTRE.

196. HISTOIRE DE GIL BLAS DE SANTILLANE, par Le Sage. *A Paris, chez Lefèvre*, 1825, 3 vol. in-8, grav. mar. vert, dos orné, dent. sur les plats et dent. int. tête dor. n. rog.

Très-bel exemplaire sur papier vélin, orné de belles suites de figures et de 4 portraits de Le Sage, sans compter celui de l'édition, gravé par Roger.

Suites des figures :

1° La belle suite de Desenne, de l'édition de 1820. Cette suite, qu'on joint très-souvent à l'édition de 1825, comprend 9 gravures, 7 de Desenne et 2 de Smirke.

2° Environ 16 figures de la suite de Bornet, Charpentier et Bertaux.

3° Le frontispice et 6 figures in-18 de Chaillou.

4° 13 figures environ de Choquet.

5° La suite complète des gravures de Devéria avant la lettre.

6° 4 fleurons de titres et 4 figures de Desenne sur chine avant la lettre, de l'édition de *Paris, Werdet*, etc., 1829.

7° 3 gravures in-8° de Stothard, avec encadrement.

8° La suite des gravures de Smirke, avec la légende en anglais et en français.

9° La même suite réduite; la légende en anglais seulement.

10° La suite des gravures de Gavarni, publiées par Morizot.

On a ajouté à ces diverses suites 2 ou 3 gravures d'après Smirke, avec la légende en français, et une gravure de Gigoux, représentant Gil-Blas. La carte de Barbié du Bocage, appartenant à l'édition, se trouve à la fin du tome III.

Toutes ces gravures sont remontées avec beaucoup de soin sur papier fort. Chaque volume est renfermé dans un double étui.

197. Histoire de Gil Blas de Santillane, par Le Sage, vignettes par Jean Gigoux. *Paris, Paulin*, 1835, gr. in-8, vél. rac. tr. rouges.

198. The Adventures of Gil Blas de Santillane translated from the french of Le Sage, by Tobias Smollett, embellished with fifteen highly finished engravings from drawings designed expressly for this edition. *London*, 1819, 3 vol. in-8, vél. rac. dent. fleuron à l'antique, tr. marbr.

Figures en couleurs.

199. Les Aventures du chevalier des Grieux et de Manon Lescaut, par Monsieur D***. *A Amsterdam, aux dépens de la Compagnie*, 1733, in-12, mar. r. dent. int. tr. dor. (*Bosquet.*)

L'une des premières éditions sous ce titre.

200. HISTOIRE DU CHEVALIER DES GRIEUX ET DE MANON LESCAUT. *Amsterdam, aux dépens de la Compagnie*, 1753, 2 parties en 2 vol. in-12, *portrait de l'abbé Prévost par Cochin, gravé par G. Wille, daté de* 1746, 8 *figures et* 2 *vignettes par J. Pasquier et Gravelot, gravées par Lebas*, mar. r. dos orné, dent. à comp. sur les plats, doublé de moire rose avec dent. tête dor. (*Reliure moderne dans des étuis.*)

201. HISTOIRE DE MANON LESCAUT et du chevalier des Grieux, précédée d'une étude par Arsène Houssaye, *Paris, Jouaust*, 1874, gr. in-8, *avec les six eaux-fortes par Hédouin, en double épreuve avec et avant la lettre, et les onze eaux-fortes de Léopold Flameng, pour l'édition Glady, ajoutées*, papier Whatman, mar. bleu dent. int. doré en tête, n. rog. (*Bosquet.*)

202. Lettres historiques et galantes de deux dames de condition, dont l'une était à Paris et l'autre en province, par Mme de C***, ouvrage curieux où l'on trouve les plans et la description de la ville d'Utrecht. *Cologne, chez Pierre Marteau*, 1713, in-12, parch.

203. Nouveaux Contes à rire et Avantures plaisantes ou récréations françoises. *A Cologne, chez Roger*

Bontemps, 1722, 2 vol. in-12, *figures*, mar. rouge, dent. int. dor. en tête, n. rog. (*Bosquet.*)

204. Lettres persanes, suivies du Temple de Gnide. *A Genève*, 1777 (*Cazin*), 2 vol. in-18. *Figure gravée par M. de Launay d'après les dessins de Marillier*, v. écail. fil. tr. dor.

205. Romans et Contes de M. de Voltaire. *A Bouillon, aux dépens de la Société typographique*, 1778, *fleuron sur le titre, qui sert aux trois volumes*, 13 *vignettes par Monnet gravées par Denys*, et 58 *figures par Marillier, Martini, Monnet et Moreau, gravées par Baquoy, Chatelain, Deny, Dambrun, Lorieux, Patas, Vidal et Elisabeth Thiébaut, et 1 portrait par de la Tour, gravé par Cathelin* (*gravures avec les numéros*), mar. rouge, plats int. à froid, dent. int. tr. dor. (*Rel. moderne.*)

206. Romans et contes de M. de Voltaire. *A Bouillon, aux dépens de la Société typographique*, 1778, 3 vol. in-8, *portrait de Voltaire par Delatour, gravé par Cathelin, figures par Monnet et Marillier*, mar. bleu, fil. à froid, doublé de mar. bleu parsemé de fleurs, avec dent. int. avec gardes en moire bleue.

Les figures sont avant les numéros.

207. Contes moraux, par M. Marmontel. *A Paris, chez A. Merlin*, 1765, 3 vol. in-8, portrait d'après R. Cochin, gravé par Saint-Aubin, titres gravés et 23 figures de Gravelot, gravées par C. Baquoy et Lemire, v. rac. fil. tr. marbr.

208. Bélisaire, par M. Marmontel. *A Paris, chez A. Merlin*, 1767, in-8, frontispice et 2 gravures par Gravelot, gravées par C. Levasseur, v. écail. fil. tr. dor.

209. Les Incas, ou la Destruction de l'Empire de Pérou, par M. Marmontel. *A Paris, chez Lacombe*, 1777, 2 vol. in-8, 18 *figures par Moreau le jeune*,

gravées par J. Duclos, B. Simonnet, mar. rouge, fil. tr. dor. (*Reliure ancienne.*)

210. Tarsis et Zélie (par Levayer de Boutigny). 1774, *Paris, Muzier fils*, 3 tomes en 6 vol. in-8, 3 *frontispices par Cochin, Moreau et Eisen, gravés par Gaucher, Ponce et Née, fleurons sur les trois titres gravés par Née, et* 20 *vignettes par Eisen, gravés par Helmann, de Longueil, Masquelier, Massard, Née et Ponce*, v. antiq, marbr.

Exemplaire sur grand papier de Hollande.

211. Bibliothèque bleue (contenant 6 nouvelles). *A Paris, chez Costard*, 1776, 2 vol. gr. in-8, *avec* 6 *gravures par Desrais, gravées par Patas, C. Chatelain, J. Marchand, Legrand et Delvaux*, mar. bleu, dos orné, large dent. sur les plats, tr. dor. (*Reliure moderne.*)

212. J. Baculard d'Arnaud. Les Épreuves du sentiment. *Paris, Delalain*, 1775-78, 5 vol. in-8, rel.

Figures, vignettes et culs-de-lampe d'après Eisen et Marillier.

213. Nouvelles historiques, par M. d'Arnauld. *A Paris, chez Delalain*, 1774-1781, 2 vol. in-8, v. marbr.

Tome Ier. Salisbury, *frontispice, figure, vignette et cul-de-lampe* gravés. — Warbeck, *figure, vignette et cul-de-lampe, par Eisen.* — Le sire de Créqui, *figure, vignette et cul-de-lampe, par Eisen.*

Tome II. Le prince de Bretagne, *figure, vignette et cul-de-lampe, par Marillier.* — La duchesse de Châtillon, *figure par Le Barbier, vignette et cul-de-lampe, par Marillier.* — Le comte de Strafford, *figure par Le Barbier, vignettes et cul-de-lampe, non signés.*

214. Lettres d'une Péruvienne, par Mme de Graffigny, traduites du français en italien par M. Deodati, édition ornée du portrait de l'auteur, gravé par M. Gaucher, et de six gravures exécutées par les meilleurs artistes, d'après les dessins de M. Lebarbier l'aîné. *A Paris, de l'Imprimerie de Migneret*, 1797, in-8, v. rac. fil. tr. jasp.

215. Le Comte de Valmont, ou les Égarements de la raison (par l'abbé Gérard). *A Paris, chez Moutard,*

1781, 5 vol. pet. in-8, *figures de Moreau,* demi-rel. mar. rouge avec coins, fil. tête dor. n. rog.

216. LA VIE DE MARIANNE, ou les Avantures de Madame la comtesse de ***, par M. de Marivaux. *Londres (Paris, Cazin)*, 1782, 4 vol. in-18, *frontispice à chaque volume gravé par Duponchel,* maroq. rouge, fil. tr. dor.

Bel exemplaire en ancienne reliure; rare.

217. Le Décaméron françois, par M. Dussieux. *A Paris, chez Nyon,* 1783, 3 vol. in-8, *figures, vignettes et culs-de-lampe, par Martini, Desrais et Ph. Caresmes, gravés par E. Gaucher, Godefroy et C. Baquoy,* v vac.

218. LES LIAISONS DANGEREUSES, lettres recueillies dans une société et publiées pour l'instruction de quelques autres par C. de L*** (Choderlos de Laclos) *Londres (Paris)*. 1796 2 vol. in-8, *frontispice et 14 figures par Monnet et Mlle Gérard, gravés par Baquoy, Duplessis-Bertaux, Dupréel, Godefroy, Langlois, Lemire, Lingée, Masquelier, Patas, Pauquet, Simonet et Trière,* maroq. rouge dos orné, fil. dent. int. tr. dor. (*Rel. Petit.*)

Exemplaire en papier vélin.

219. Les Amours du chevalier de Faublas, par Louvet de Couvray. *Paris, chez Ambr. Tardieu,* 1821, 4 vol. in-8, *figures de Collin,* demi-rel. v. rouge, n. rog. (*Thouvenin.*)

220. LES AMOURS DU CHEVALIER DE FAUBLAS, par Louvet de Couvray. *Paris, Ambr. Tardieu,* 1821, 4 vol. in-8, suite de figures de Colin (les trois etats : *eau-forte, avec la lettre et avant la lettre*), gravées par J. Adam, mar. r. dent. int. tête dor. n. rog.

Exemplaire en GRAND PAPIER VÉLIN, auquel on a ajouté la suite des gravures de MARILLIER. Ces gravures sont remontées.

221. Le Paysan et la Paysanne pervertis. *A la Haye, et se trouve à Paris,* 1776-1784, 4 vol., *avec 84 fi-*

gures par Binet pour le Paysan, et 4 vol. *avec 36 figures par le même pour la Paysanne.* — Ensemble 8 vol. in-12, maroq. rouge, doublé de moire rouge avec dent. tr. dor. (*Reliure moderne.*)

Bel exemplaire; bonnes épreuves; reliure uniforme.

222. LES NUITS DE PARIS, ou le Spectateur nocturne, par Rétif de la Bretonne. *A Londres, et se trouve à Paris*, 1788-91, 15 parties reliées en 8 vol. in-12, 15 *figures par Binet*, demi-rel. maroq. rouge avec coins, tr. dor.

223. Les Contemporaines, ou Avantures des plus jolies femmes de l'âge présent, recueillies par M. E.-R. de la B., et publiées par Timothée Joly, de Lyon. *Paris, chez la veuve Duchesne*, 1781-85, 42 vol. in-12, demi-rel. avec coins mar. rouge, doré en tête, n. rog.

Exemplaire dont les premiers volumes, bien que portant *seconde édition*, renferment les gravures de *premier tirage;* elles sont plus courtes que le texte, provenant d'un exemplaire rogné.

224. Histoire de miss Jenny, écrite et envoyée par elle à milady comtesse de Roscomond, ambassadrice d'Angleterre à la cour de Danemark, par Mme Riccoboni. *A Paris, chez Brocas et Humblot*, 1764, 4 parties en 2 vol. in-12, *figures par Gravelot*, demi-rel. avec coins mar. rouge, fil. doré en tête, n. rog. (*Bosquet.*)

225. Paul et Virginie, par Jacq.-M.-Bernardin de St-Pierre. *A Paris, de l'imprimerie de P. Didot l'aîné*, 1806, in-4, *portrait par Laffite, gravé par F. Bibaut et les figures par Laffite, Gérard, Giraudet et Moreau le jeune*, in-4, demi-rel. veau rouge.

VI. ROMANS ÉTRANGERS.

226. IL DECAMERONE di M. Giovanni Boccaccio. *Londra*, 1757, 5 vol. in-8, 5 *frontispices*, 1 *portrait*,

110 *figures et 97 culs-de-lampe par Gravelot, Boucher et Eisen, gravés par Aliamet, Baquoy, Phlipart,* etc., mar. bleu, dos orné, dent. sur les plats, doublé en soie bleue, tr. dor. (*E. Bosquet.*)

227. Il Decameron, di Messer Giovanni Boccaccio. *Italia, co'caratteri di F. Didot,* 1816, 4 tomes en 2 vol. in-fol. gravures, maroq. bleu, dos orné, large dent. et ornements sur les plats, dent. int., tr. dor.

On a joint à cet exemplaire : la suite des gravures de Gravelot, Boucher et Eisen, de l'édition de *Londres*, 1777. — Chaque volume est renfermé dans un double étui.

228. Le Decaméron, de Jean Boccace. *Londres* (*Paris*), 1757, 5 vol. in-8, 1 portrait, 5 frontispices, 110 figures et 97 culs-de-lampe par Eisen, Gravelot, Cochin et Boucher, gravés par J. Aliamet, Lemire, Lempereur, Pasquier, J. Flipart, Saint-Aubin, etc., maroq. rouge, dos orné, large dent. à comp. sur les plats, doublé de satin rouge, tr. dor. (*Paraphe imprimé.*)

229. Contes et Nouvelles de Bocace Florentin, traduction libre, accommodée au goût de ce temps et enrichie de figures en taille-douce gravées par M. Romain de Hooge. *A Amsterdam, chez Georges Gallet*, 1699, 2 vol. in-12, mar. vert, tr. dor. (*Reliure moderne.*)

230. Nouvelles de Jean Boccace, traduction libre, ornée de la vie de Boccace, des contes que la Fontaine a empruntés de cet auteur, et de figures gravées sous la direction de Ponce, d'après les dessins de Marillier. *Paris*, 1802, 4 tomes en 2 vol. in-8, demi-rel. v. antiq.

231. Contes de Boccace, traduction de Sabatier de Castres, illustrations de H. Baron, Tony Johannot, H. Emy, Célestin Nanteuil, Grandville, etc., *Paris, Garnier fr.*, 1869, gr. in-8, demi-rel. mar. rouge avec coins, dos orné, tête dor. n. rog.

232. LES DIX JOURNÉES DE JEAN BOCCACE, traduction de Le Maçon, réimprimée par les soins de D. Jouaust. Avec une notice, notes et glossaire par M. Paul Lacroix. *Paris, librairie des Bibliophiles*, 1873, 4 tomes en 5 vol. in-8, gravures, mar. blanc doublé de mar. bleu semé de fleurs, avec un large rebord de mar. blanc, dos orné de mosaïques de mar. bleu, dent. et médaillons à la Derome de mar. bleu sur les plats, larges dentelles à petits fers sur les plats et intérieures, gardes de moire bleue, tête dorée, n. rog. (*Bosquet.*)

Un des 15 exemplaires sur papier de Chine, du tirage en grand papier, avec une double épreuve des 11 eaux-fortes de Flameng, avant la lettre sur chine, et avec la lettre sur papier blanc. Cet exemplaire est orné : de la suite des 110 figures d'après Gravelot, Eisen, Boucher et Cochin, gravées par Vidal (contrefaçon de l'édition de 1757), montées sur papier de Chine; d'environ 110 figures de la même suite, édition de 1757, tirage moderne, et de près de 70 figures, dont 3 doubles, de l'édition de 1757; la moitié environ de ces dernières sont à toutes marges, l'autre moitié est montée sur chine. — On a ajouté, en outre, quelques frontispices et un portrait de ces éditions, plus les 8 gravures de Marillier de *Paris*, *Duprat*, 1802, et 12 figures environ, montées sur chine, extraites d'une contrefaçon de l'édition des Contes de la Fontaine, dite des *Fermiers généraux*.

Chaque volume est renfermé dans un double étui.

233. Le tredici piacevolissime Notte di M. Gio. Francisco Straporala da Caraugion divise in due libri, mouamente di bellissime figure adornate. *In Venetia,* 1608, in-12, demi-rel. v. antiq.

Figures sur bois.

234. El ingenioso hidalgo Don Quixote de la Mancha, compuesto por Miguel de Cervantes Saavedra. *Madrid, Ibarra,* 1780, 4 vol. gr. in-4, *frontispices, portrait, lettres ornées, vignettes, culs-de-lampe et figures gravées,* v. écail. fil. tr. dor.

235. El ingenioso hidalgo Don Quijote de la Mancha, por Miguel de Cervantes Saavedra, edicion en miniatura. *Paris, imprenta de Julio Didot mayor,* 1827, in-18, *figures sur chine,* v. fauve, int. tr. dor. (*Simier.*)

236. Don Quichotte de la Manche, traduit de l'espagnol de Michel de Cervantes par Florian. *De*

l'imprimerie de P. Didot l'aîné. A Paris, chez Deterville, an VII, 6 tomes en 3 vol. in-18, portrait par Houert, gravé par Boily, figures de le Barbier et Lefèvre, gravés par Coiny et Hulbon, bas. rouge, dent. tr. dor. (*Reliure hollandaise.*)

237. CERVANTÈS. Don Quichotte, traduction de L. Viardot, avec les dessins de G. Doré. *Paris, Hachette*, 1863, 2 vol. in-fol. cart. n. rogn.

238. De Voornaamste Gevallen van den Wonderlyken don Quichot door den Beroemden Picart den Romein, en andere voornoame Meesters in XXXI Kunstplaaten, na de uitmuntende schilderyen van Coypel. *In Hage, by Pieter de Hondt*, 1746, in-fol. demi-rel. avec coins mar. brun, tr. jasp.

Bonnes épreuves.

239. Nouvelles espagnoles de Michel de Cervantes, traduction nouvelle, avec des notes, ornée de 12 belles figures par M. Lefebvre de Villebrune. *A Paris, chez Defer de Maisonneuve*, 1788, 2 vol. in-8, v. écail. dent. tr. marbr.

240. Galatée, roman pastoral, imité de Cervantes par M. de Florian, édition ornée de figures en couleur d'après les dessins de M. Monsiau. *A Paris, chez Defer de Maisonneuve*, 1793, in-4, v. antiq. fil. tr. dor.

241. Histoire facétieuse du fameux drille Lazarille de Tormes, nouvelle traduction. *A Lyon, chez Antoine Besson, s. d.* in-12, figures, v. brun fil. tr. rouges. (*Reliure moderne.*)

A la page 182 se trouve une cassure raccommodée.

242. La Vie et les Aventures de Robinson Crusoé, par Daniel de Foé, traduction revue et corrigée. *Paris, chez Verdière, an VIII*, 3 vol. in-8, portrait de Daniel de Foë gravé à l'eau-forte par Delvaux. Édition ornée de 19 gravures de Delignon, d'après les dessins originaux de Stothart, v. rac. dent. tr. jasp.

243. Paméla, ou la Vertu récompensée, traduit de l'anglais par l'abbé Prévost. *Amsterdam, et se trouve à Paris,* 1784, 2 vol. in-8, 4 *figures par Marillier, gravées par de Longueil, L. Pauquet et F. Borgnet,* demi-rel. bas.

VII. ÉPISTOLAIRES ET POLYGRAPHES.

244. Lettres d'Héloïse et d'Abailard (traduction françoise, avec le texte latin en regard, précédées d'une notice très-détaillée sur Abailard et suivies des imitations en vers anglais et français de Pope, Colardeau et Dorat). *A Paris, chez J.-Bapt. Fournier le jeune, de l'imprimerie de Didot le jeune, l'an IV,* 3 vol. in-4, papier vélin, 8 *planches par Moreau le jeune, et la suite de J. Gigoux sur chine ajoutée,* demi-rel. maroq. brun avec coins, fil. tr. dor. n. rog.

Piqûres de vers au tome III.

245. Lettres de Madame de Sévigné, de sa famille et de ses amis, avec portraits, vues et fac-simile. *Paris, J. Blaise,* 1818, 10 vol. in-8, demi-rel. cuir de Russie, non rogné.

246. OEuvres du comte Antoine Hamilton. *Paris, chez Antoine-Augustin Renouard,* 3 vol. in-8, 8 *figures de Moreau le jeune, gravées par E. de Ghendt, et portraits* v. fauve, fil. tr. jasp.

247. OEuvres diverses de M. de Fontenelle, de l'Académie françoise. *A la Haye, chez Gosse et Neaulme,* 1729, 3 vol. in-fol. *texte encadré, fleurons, vignettes et culs-de-lampe par Bernard Picart,* veau brun.

248. Œuvres diverses de Monsieur de Fontenelle. *Amsterdam,* 1716, 3 vol. in-12, figures, v. brun.

249. OEuvres complètes de J.-J. Rousseau. Nouvelle édition. *S. l. (Paris, Poinçot),* 1788-1793,

39 tomes en 38 vol. in-8, front. et grav. v. antiq. rac. tr. peigne.

Quelques gravures sont avant la lettre.

250. Des Passions, par l'auteur du Traité de l'amitié (par Mme d'Arconville). *Londres* (*Paris*), 1764, in-8, *fleuron sur le titre et cul-de-lampe par Tarsin, gravé par J. Tardieu, et 2 figures*, maroq. rouge, fil. tr. dor. (*Reliure ancienne.*)

Exemplaire en grand papier.

251. OEuvres du comte de Tressan. *Paris*, 1787-89, 12 vol. in-8, *portrait et 20 figures par Marillier, gravées par Croutelle Delvaux, de Ghendt, de Launay, Langlois jeune et Mme de Mouchy*, demi-rel. chagr. citron avec coins, tête jasp. n. rog.

Traduction libre d'Amadis de Gaule, 3 vol. — Roland furieux, 3 vol. — Romans de chevalerie, 4 vol. — OEuvres posthumes, 2 vol.

252. Œuvres de C.-A. Demoustier. *A Paris, chez A.-Aug. Renouard*, 1809, 4 vol. in-8, *figures de Moreau le jeune*, demi-rel. chagr. fauve, tr. marb.

Lettres à Émilie sur la mythologie, 2 vol. — Cours de morale et opuscules en vers et en prose. — Théâtre.

253. Salomon Gessners Schrifften. *Zurich, Beym, Verfasser*, 1777, 2 vol. in-4, *figures*, v. fauve, fil. tr. dor.

254. OEuvres de Salomon Gessner. *A Paris, chez l'auteur des estampes, veuve Hérissant et Barrois l'aîné, s. d.*, 3 vol. in-4, 3 titres gravés différents n. sign. 3 *frontispices, dont 1 avec portrait par Lebarbier, gravés par Ingouf, Dambrun et Ponce, figures, vignettes et culs-de-lampe par Lebarbier*, demi-rel. avec coins mar. rouge, dos orné, fil. tête dor. n. rog. (Fig. av. les nos pour les vol. 1 et 2.)

255. OEuvres de Gessner, traduction nouvelle, ornée de 52 gravures. *A Paris, chez P. Dupont*, 1827, *portrait de Gessner par Denon, gravé par Saint-Aubin, et figures par Moreau le jeune, gravées*

par Delvaux, *Simonet*, *Lemire*, *E. de Ghendt*, *Baquoy*, 4 vol. in-8, v. rac. tête dor.

256. ŒUVRES DE GESNER (*sic*). *A Paris*, *chez Dufart*, *s. d.* 2 vol. in-8, gravures, mar. r. dos orné, fil. large dent. int. tête dor. non rog.

Exemplaire en grand papier, avec la double suite de Monnet avant et avec la lettre; cette dernière suite est remontée. — M. Cohen dans son *Guide* et M. Sieurin dans son *Manuel* indiquent 25 figures pour cette suite en dehors du portrait et des frontispices-titres; nous n'en trouvons que 24. — Notre exemplaire a été orné d'environ 30 culs-de-lampe de le Barbier, tirés sur chine volant, de près de 100 vignettes ou culs-de-lampe dessinés et gravés à l'eau-forte par Gessner; de la suite des figures de Moreau, avec le portrait de Diderot et celui de Gessner en double épreuve avant et avec la lettre, et de la suite de Moreau avant la lettre, pour *la Mort d'Abel* seulement.

Chaque volume est renfermé dans un étui.

HISTOIRE.

257. Choiseul-Gouffier. Voyage pittoresque de la Grèce. *Paris*, 1782, in-fol. (Tome premier). demi-rel. avec coins, v. marbr. dos orné, dent. tr. dor.

258. SAINT-NON. Voyage pittoresque, ou description des royaumes de Naples et de Sicile. *Paris*, 1781, 5 part. en 4 vol. gr. in-fol. *figures*, v. éc. fil. tr. dor.

Les figures de médailles et les figures du tome II se trouvent dans cet exemplaire; mais il manque le titre et la table de la 2e partie du tome IV. Figures avant la lettre. 1er tirage.

259. Abrégé de l'histoire romaine orné de 49 estampes. *A Paris*, *chez Nyon l'aîné*, *figures de B. Picauger*, *Gravelot*, *Saint-Aubin*, *gravées par Tardieu*, *Legrand*, *Chenu*, *Gaucher*, *Pelletier*, *Aveline*, v. écail. fil. tr. marbr.

260. Mémoires de messire Philippe de Comines, seigneur d'Argenton, où l'on trouve l'histoire des rois de France Louis XI et Charles VIII, nouvelle

édition, augmentée par M. l'abbé Lenglet du Fresnoy. *A Londres, et se trouve à Paris, chez Rollin fils*, 1747, 4 vol. in-4, *frontispice par B. Picart, gravé par Cl. Duflos, vignettes et portraits*, mar. vert, fil. tr. dor.

Exemplaire en ancienne reliure.

261. Histoire de la maison de Bourbon, par M. Desormeaux, historiographe de la maison de Bourbon. *Paris, Imprimerie royale*, 1779-1788. 5 vol. in-4, *frontispices, portraits, vignettes et culs-de-lampe gravés*, v. écail. fil. tr. dor.

262. Les Galanteries des rois de France. *A Cologne, chez Pierre Marteau, s. d.* 3 vol. in-12, titres et figures gravés, demi-rel. avec coins mar. bleu, dos orné, fil. doré en tête. non rogn.

263. Mémoires de la régence de S. A. R. Mgr le duc d'Orléans durant la minorité de Louis XV, roi de France. *Amsterdam, chez Zacharie Chatelain*, 1729, 3 vol. in-12, portraits, v. brun.

264. Mémoires historiques et anecdotes de la cour de France pendant la faveur de la marquise de Pompadour, avec douze estampes gravées par elle, sous les yeux du roi, sur les principaux événements de son règne. *A Paris, chez Arthus Bertrand*, 1802, gr. in-8, demi-rel. maroq. viol. avec coins, fil. tête dor. n. rog.

265. Histoire d'Angleterre représentée par figures, accompagnée d'un précis historique, gravées par F.-A. David d'après les dessins des plus célèbres artistes. *A Paris, chez l'auteur*, 1784, 2 vol. in-4, titres et 98 figures par Binet, Moreau, etc., v. tr. dor.

ORDRE DES VACATIONS.

PREMIÈRE VACATION. — *Vendredi 9 mars 1877.*

N°s 197 — 265
138 — 196

DEUXIÈME VACATION. — *Samedi 10 mars.*

95 — 137
2 — 94
La Sainte Bible 1

CONDITIONS DE LA VENTE.

La vente se fait au comptant.

Les acquéreurs payeront 5 0/0 en sus des enchères, applicables aux frais.

Il y aura exposition chaque jour de vente à 1 heure précise.

Les réclamations devront être faites dans les vingt-quatre heures de l'adjudication. Passé ce délai, ou une fois sortis de la salle de vente, les ouvrages adjugés ne seront repris pour aucune cause.

Le libraire chargé de la vente remplira les commissions des personnes qui ne pourraient y assister.

Paris. — Typographie Georges Chamerot, rue des Saints-Pères, 19.

www.ingramcontent.com/pod-product-compliance
Ingram Content Group UK Ltd.
Pitfield, Milton Keynes, MK11 3LW, UK
UKHW031940260826
14628UKWH00004B/1743

9 782329 521848